村野式熱中ゲーム

さいころ作文96 2集

ワクワク身につく新学習方式の提案

“言葉のきまり”

村野 聡 編著

学芸みらい社
GAKUGEI MIRAISHA

はじめに

最新視写作文教材「さいころ作文」の第2集の登場である。

さいころ作文とは、転がしたさいころの目に応じて指定された言葉をつないで文や文章を作る教材である。

さいころ作文には4つの効果がある。

1　さいころの目に応じた言葉を視写しながら文や文章を作るので誤文にならない。
2　どんな文や文章ができるのかワクワクするので楽しく学習できる。
3　教科書や指導要領に準拠しているので指導計画に位置付けながら使用できる。
4　エラーレスなので自習教材（宿題・補教）として活用できる。

第1集「さいころ作文」は大変な反響をいただいた。

特に「特別支援」の教室からはたくさんのメールをいただいた。

「何も書かなかった子が初めてこの教材で書くようになりました」

「書くことが大嫌いだった子がこの教材では夢中に書いていました」

このような声をたくさんいただくことができた。

その一方で、

「一つの作文技術について2枚のワークシートしかないのが残念です」という声もいただいた。

この声が「さいころ作文」の第2集企画となった。

今回も以前と同じ「作文技術」を対象としたワークシートになっている。

したがって、一つの作文技術について、前作と合わせることで4枚のワークシートが準備できたことになる。

4枚のワークシートがあれば習熟が可能だろう。

ちなみに「さいころ作文」はさいころの目の数によって書く内容が変化するため、1枚のワークシートを数回使用できるということも覚えておいていただきたい。

1回目と2回目では子どもが書く作文は変わる可能性が高いのである。


この「さいころ作文」を使って子どもたちはワクワクしながら学習をしていく。

楽しい気持ちで取り組む学習が最も子どもたちの学力を上げていく。

本書「第2集」と前作をうまく組み合わせて、子どもの作文力を身につけていってほしい。

本書の執筆を勧めてくださった学芸みらい社の樋口雅子氏にこの場をお借りしてお礼を申し上げたい。

第2集を活用して子どもの作文技術を伸ばしてほしい。

二〇二五年一月　**村野　聡**

本書の構成と使い方

構成

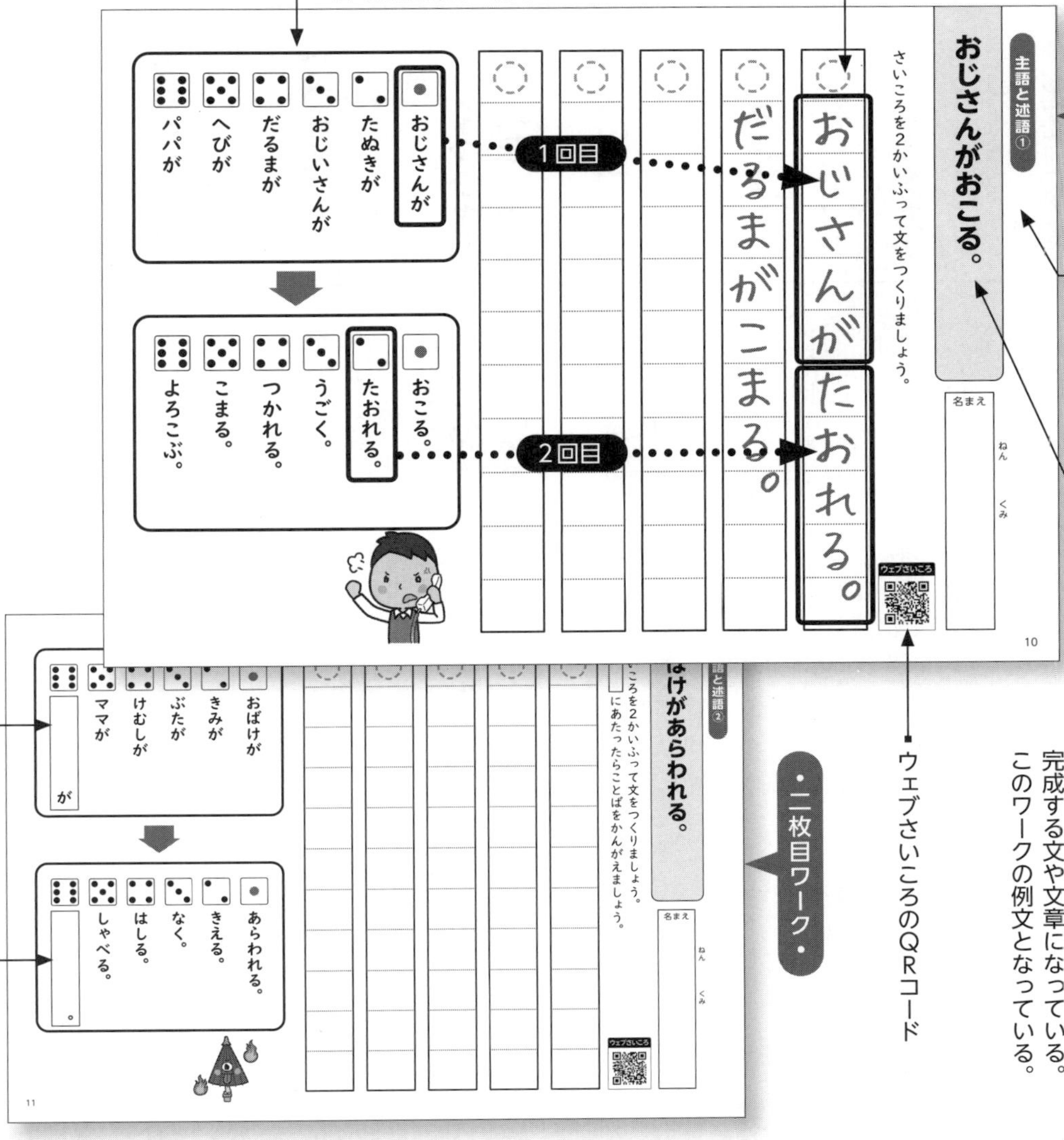

・一枚目ワーク・
書き出しは一マス空けさせる。
出たさいころの目の下の言葉を右の原稿用紙に視写していく。
主語と述語①
おじさんがおこる。
さいころを2かいふって文をつくりましょう。
おじさんが
たぬきが
おじいさんが
だるまが
へびが
パパが
おこる。
たおれる。
うごく。
つかれる。
こまる。
よろこぶ。
1回目
2回目
おじさんがたおれる。
だるまがこまる。
名まえ　ねん　くみ
ウェブさいころ
10
指導目標とする作文技術
タイトルは
さいころ作文の●の選択肢で
完成する文や文章になっている。
このワークの例文となっている。
ウェブさいころのＱＲコード
・二枚目ワーク・
主語と述語②
おばけがあらわれる。
さいころを2かいふって文をつくりましょう。
□にあたったらことばをかんがえましょう。
おばけが
きみが
ぶたが
けむしが
ママが
が
あらわれる。
きえる。
なく。
はしる。
しゃべる。
。
11
二枚目ワークは□に子どもが考えた言葉が書けるようになっている。

使い方

①まず、さいころを振る。出た目の言葉を右側の原稿用紙に視写する。（書き出しは一マス空ける。）
②同様にさいころを振り、二つ目の言葉を原稿用紙に視写する。
③指定された回数のさいころを振り、文や文章を完成させる。
④原稿用紙の数だけ文や文章を作ることができる。
⑤ワークは二枚セットで一つの作文技術を扱っている。
⑥二枚目のワークには□がある。ここに当たった場合は、自分で言葉を考えて書き込む。
　事前に書き込ませてから始めてもよい。
⑦ＱＲコードを読み取るとウェブさいころが使える。

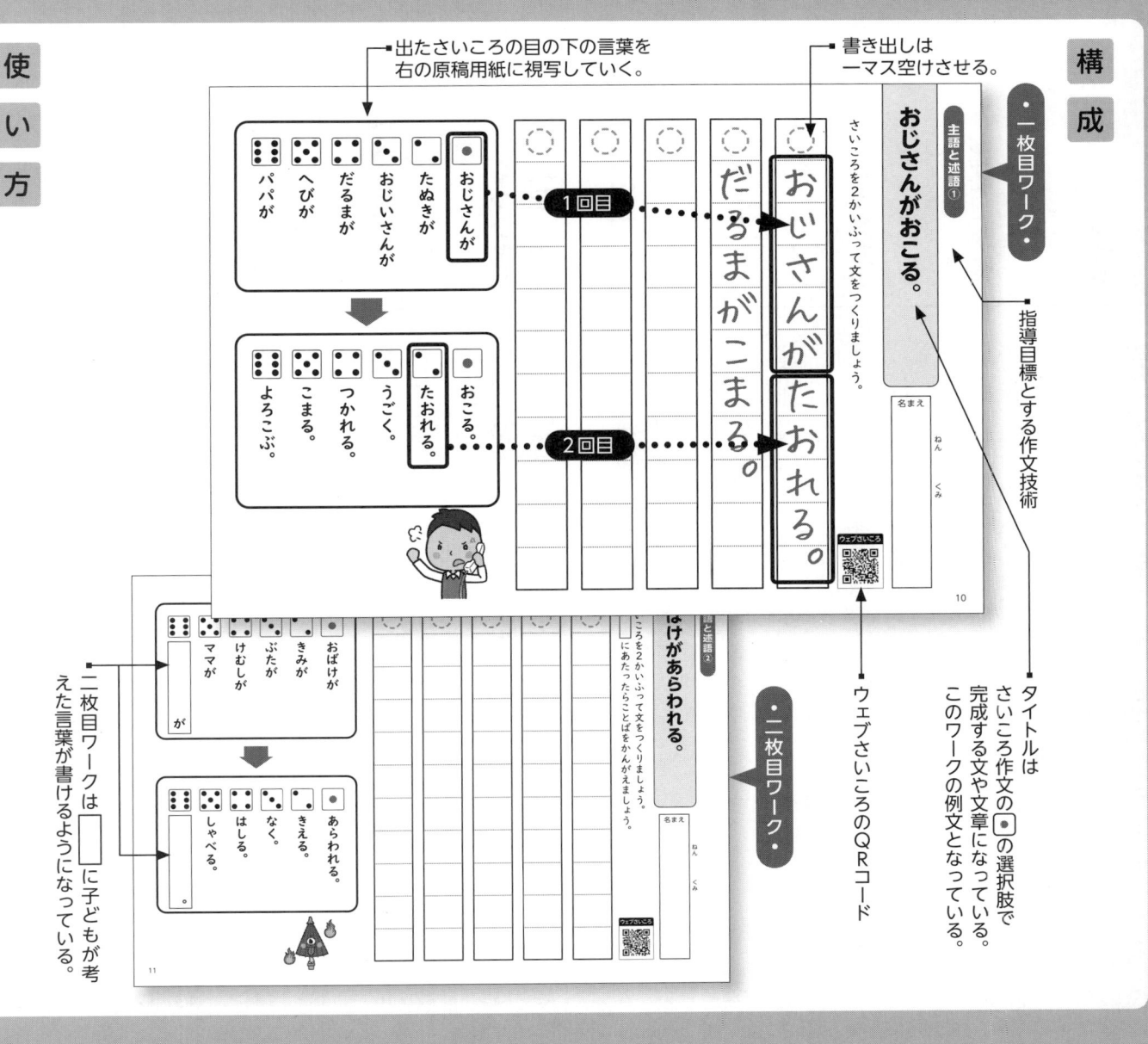

目次

高学年編

コラム

村野式熱中ゲーム

さいころ作文96

低学年編

おじさんがおこる。

さいころを2かいふって文をつくりましょう。

名まえ

ねん　くみ

ウェブさいころ

(1) おじさんが
(2) たぬきが
(3) おじいさんが
(4) だるまが
(5) へびが
(6) パパが

(1) おこる。
(2) たおれる。
(3) うごく。
(4) つかれる。
(5) こまる。
(6) よろこぶ。

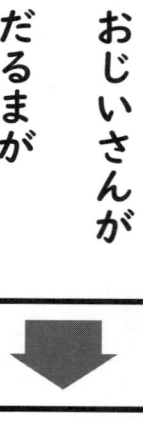

おばけがあらわれる。

さいころを2かいふって文をつくりましょう。
□にあたったらことばをかんがえましょう。

名まえ

ねん　くみ

ウェブさいころ

さいころ	ことば
1	おばけが
2	きみが
3	ぶたが
4	けむしが
5	ママが
6	□が

さいころ	ことば
1	あらわれる。
2	きえる。
3	なく。
4	はしる。
5	しゃべる。
6	□。

おいらはやさしい。

名まえ　　ねん　くみ

さいころを2かいふって文をつくりましょう。

⚀	⚁	⚂	⚃	⚄	⚅
おいらは	ぼくちんは	あなたは	おじさんは	おばさんは	せんせいは

↓

⚀	⚁	⚂	⚃	⚄	⚅
やさしい。	かなしい。	くるしい。	おそろしい。	かっこいい。	おさない。

ウェブさいころ

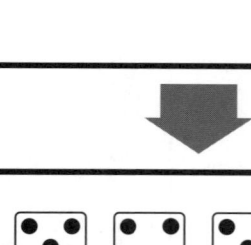

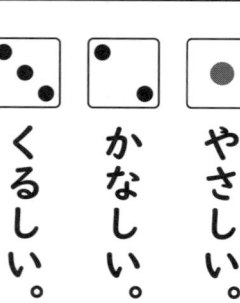

くっつきの「は」②

あいつはねむい。

さいころを2かいふって文をつくりましょう。
□にあたったらことばをかんがえましょう。

名まえ　　ねん　　くみ

ウェブさいころ

1	2	3	4	5	6
あいつは	かの女は	どうぶつは	子どもは	みみずは	は

1	2	3	4	5	6
ねむい。	うつくしい。	きたない。	はなさない。	くさい。	。

くっつきの「を」①

わたしはえんぴつをしまう。

名まえ

ねん　くみ

さいころを4かいふって文をつくりましょう。

⚀	⚁	⚂	⚃	⚄	⚅
わたし	おかあさん	さる	とり	ゆうれい	おれ

⚀⚁⚂：は　⚃⚄⚅：が

⚀	⚁	⚂	⚃	⚄	⚅
えんぴつを	石を	ふでばこを	おさらを	おもちゃを	おかしを

⚀	⚁	⚂	⚃	⚄	⚅
しまう。	たたく。	つかむ。	なげる。	かじる。	のむ。

ウェブさいころ

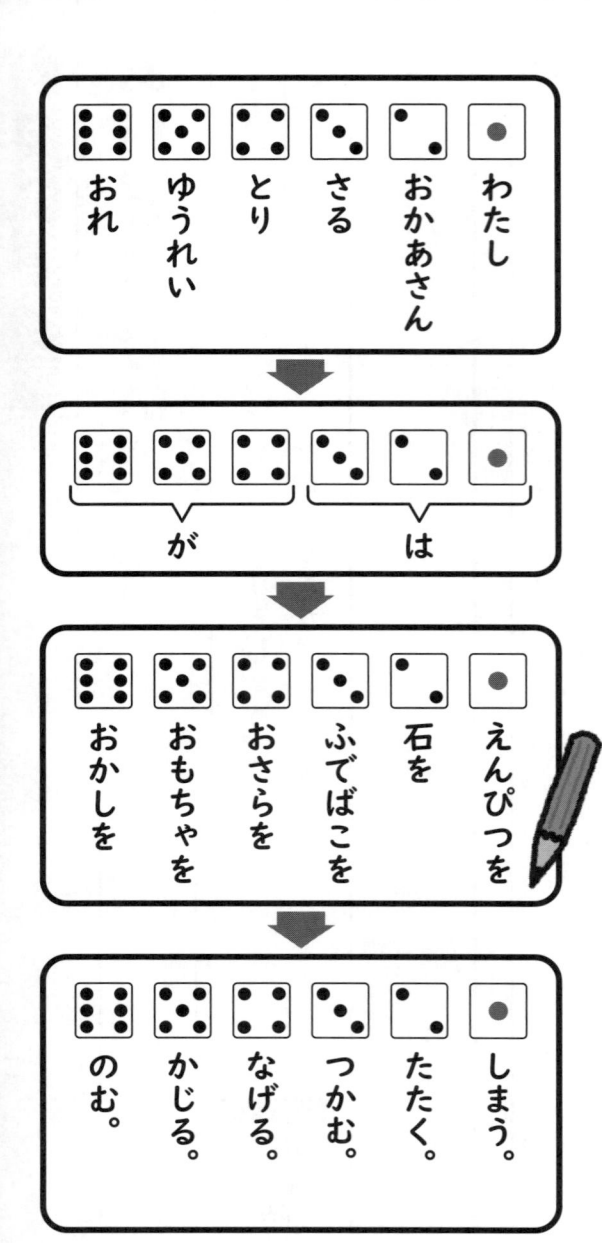

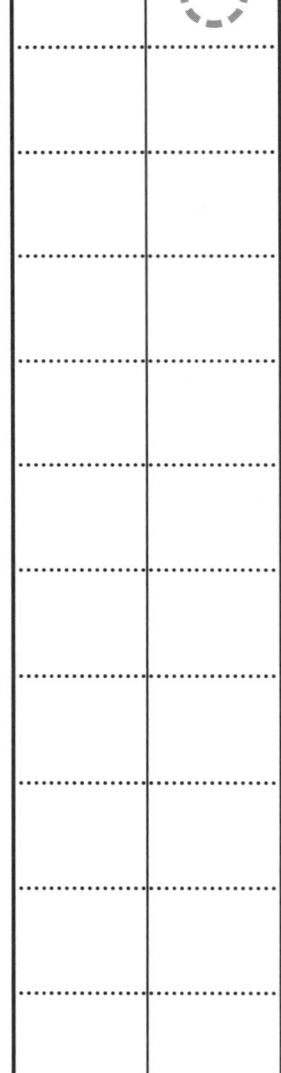

ぼくはおわんをさがす。

さいころを４かいふって文をつくりましょう。

□にあたったらことばをかんがえましょう。

名まえ　ねん　くみ

ウェブさいころ

さいころ	ことば
1	ぼく
2	ねこ
3	いもうと
4	おばさん
5	しょう年
6	□

さいころ	くっつき
1・2・3	は
4・5・6	が

さいころ	ことば
1	おわんを
2	いえを
3	めがねを
4	こくばんを
5	おはしを
6	□を

さいころ	ことば
1	さがす。
2	うばう。
3	すてる。
4	つくる。
5	なめる。
6	□。

ぼくはおみせへにげる。

さいころを4かいふって文をつくりましょう。

名まえ　ねん　くみ

ウェブさいころ

⚀	⚁	⚂	⚃	⚄	⚅
ぼく	わたし	おかあさん	犬	女の子	男の子

⚀	⚁	⚂	⚃	⚄	⚅
は	は	は	が	が	が

⚀	⚁	⚂	⚃	⚄	⚅
おみせへ	学校へ	じごくへ	川へ	ごみすてばへ	とうきょうへ

⚀	⚁	⚂	⚃	⚄	⚅
にげる。	すすむ。	あそびにいく。	つれていかれる。	ひなんする。	かくれる。

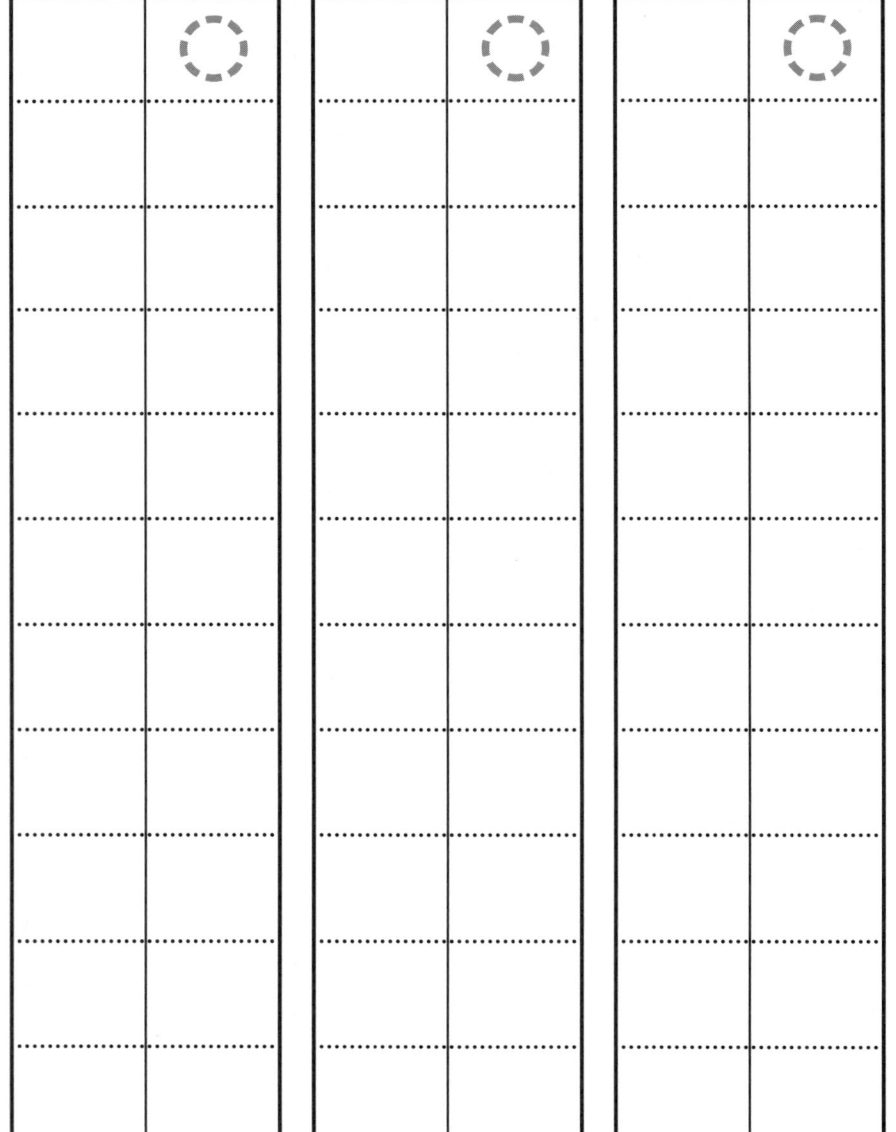

わたしはおし入れへはしった。

さいころを4かいふって文をつくりましょう。
□にあたったらことばをかんがえましょう。

名まえ　ねん　くみ

ウェブさいころ

⚀	⚁	⚂	⚃	⚄	⚅
わたし	おれ	かいじゅう	おとうと	いもうと	□

⚀ ⚁ ⚂	⚃ ⚄ ⚅
は	が

⚀	⚁	⚂	⚃	⚄	⚅
おし入れへ	トイレへ	しげみへ	かくれがへ	あなへ	□へ

⚀	⚁	⚂	⚃	⚄	⚅
はしった。	にげた。	入った。	かえった。	かくれた。	□。

わたしは車をかう。

さいころを4かいふって文をつくりましょう。

名まえ　　ねん　　くみ

ウェブさいころ

さいころ	
1・2	わたしは
3・4	ぼくは
5・6	ともだちは

さいころ	
1	車
2	山
3	おみせ
4	はたけ
5	学校
6	いえ

さいころ	
1・2・3	を
4・5・6	へ

さいころ	を	へ
1	かう。	もどった。
2	見上げる。	いった。
3	よごす。	はしった。
4	つくる。	むかった。
5	まもる。	かえる。
6	のぞく。	いそぐ。

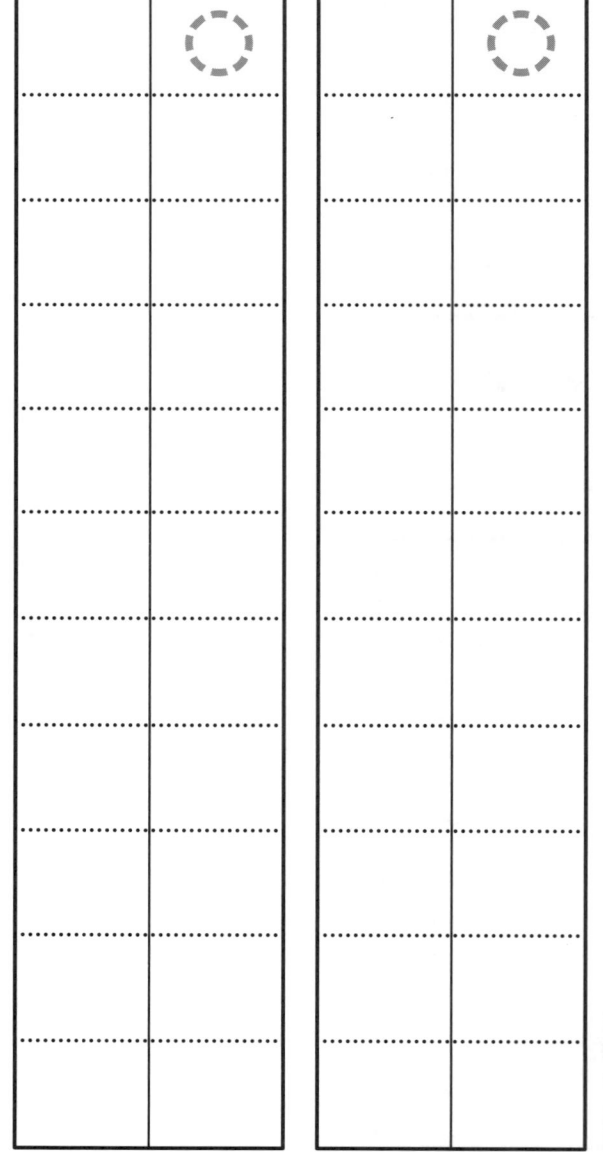

ぼくは学校をまもる。

名まえ　　ねん　　くみ

さいころを4かいふって文をつくりましょう。

□にあたったらことばをかんがえましょう。

ウェブさいころ

さいころ	ことば
1	ぼくは
2・3	わたしは
4・5	ねこは
6	□は

さいころ	ことば
1	学校
2	森
3	いえ
4	ビル
5	スカイツリー
6	□

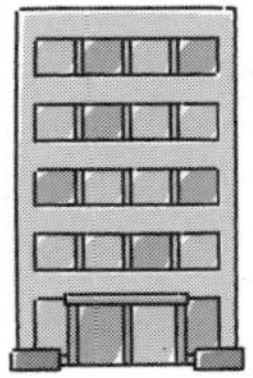

さいころ	ことば
1・2・3	を
4・5・6	へ

を

さいころ	ことば
1	まもる。
2	こわす。
3	よごす。
4	出た。
5	見た。
6	のぞく。

へ

さいころ	ことば
1	いきたい。
2	いく。
3	はしる。
4	むかう。
5	入る。
6	いそいだ。

あゆみは「ありがとう。」といいました。

さいころを3かいふって文をつくりましょう。
「　」はかいぎょうします。
「　」のあともかいぎょうします。
三ぎょうつかいます。

名まえ
ねん　くみ

ウェブさいころ

さいころ	
⚀ ⚁	あゆみは
⚂ ⚃	おかあさんは
⚄ ⚅	ねこは

さいころ	
⚀	「ありがとう。」
⚁	「おもしろい。」
⚂	「いいよ。」
⚃	「ごめん。」
⚄	「すごい。」
⚅	「にゃあ。」

さいころ	
⚀ ⚁	といいました。
⚂ ⚃	とつぶやきました。
⚄ ⚅	とさけびました。

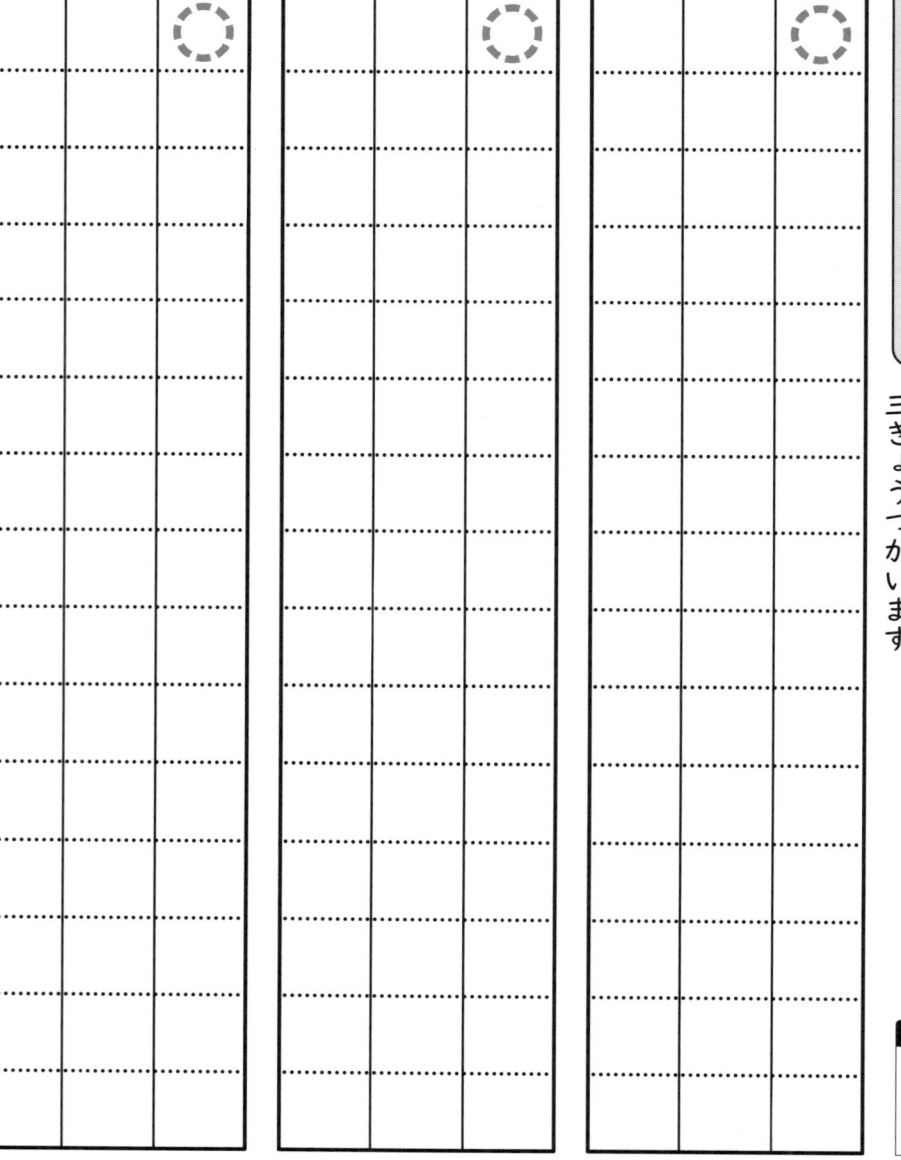

会話文の「　」②

はやとは「やったあ。」といいました。

さいころを3かいふって文をつくりましょう。
□にあたったらことばをかんがえましょう。
「　」はかいぎょうします。「　」のあとも
かいぎょうします。三ぎょうつかいます。

名まえ　　ねん　　くみ

ウェブさいころ

⚀⚁	⚂⚃	⚄⚅
はやとは	ロボットは	オウムは

⚀	⚁	⚂	⚃	⚄	⚅
「やったあ。」	「しっぱいした。」	「はいどうぞ。」	「すごいぞ。」	「すばらしい。」	「□。」

⚀⚁	⚂⚃	⚄⚅
といいました。	とこたえました。	とつぶやきました。

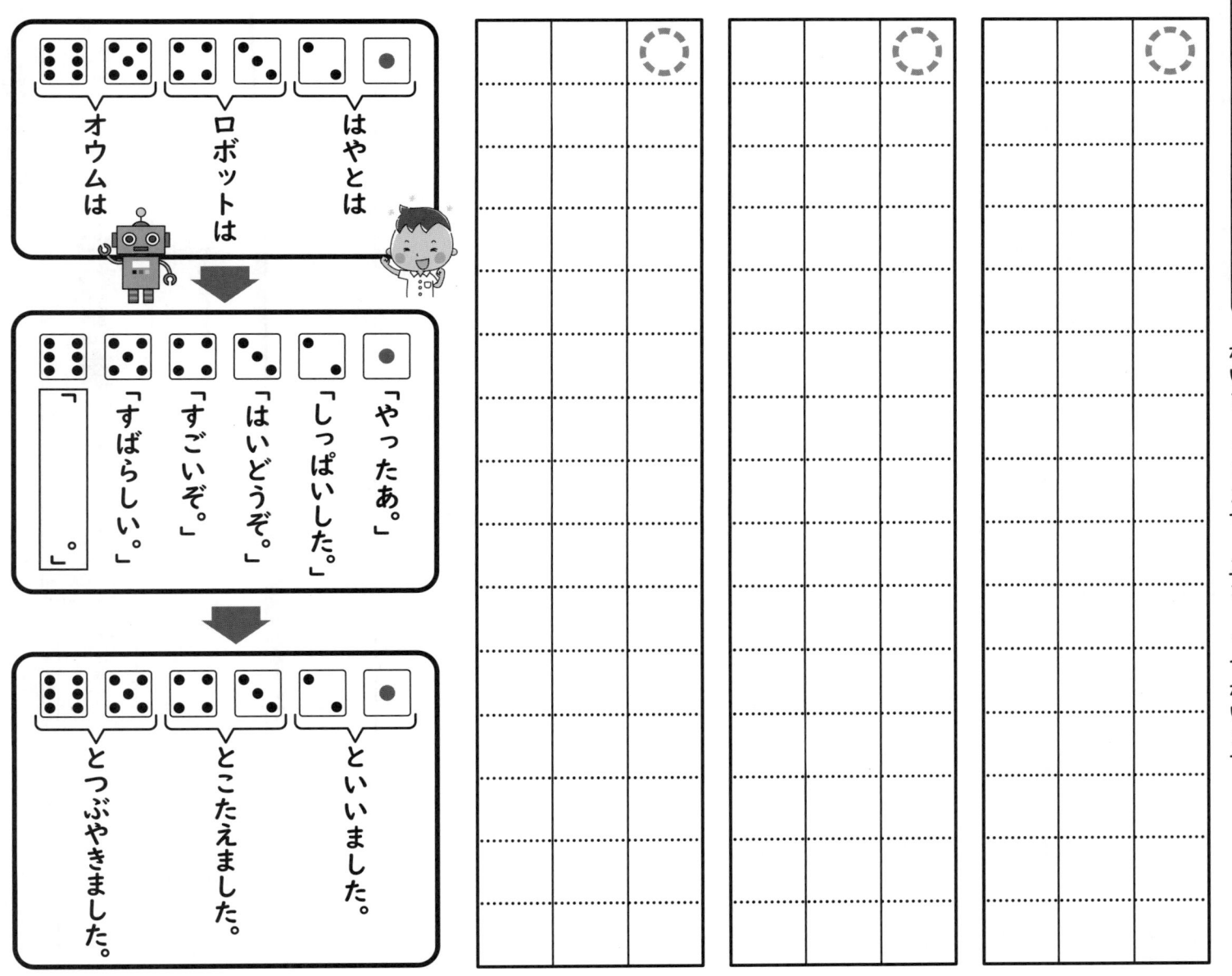

オノマトペ①

ゆきがふわふわとまいました。

名まえ

ねん

くみ

さいころを3かいふって文をつくりましょう。

ウェブさいころ

ゆきが

ごみが

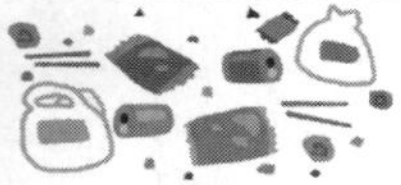

ふわふわと

ひらひらと

ゆらゆらと

まいました。

ちりました。

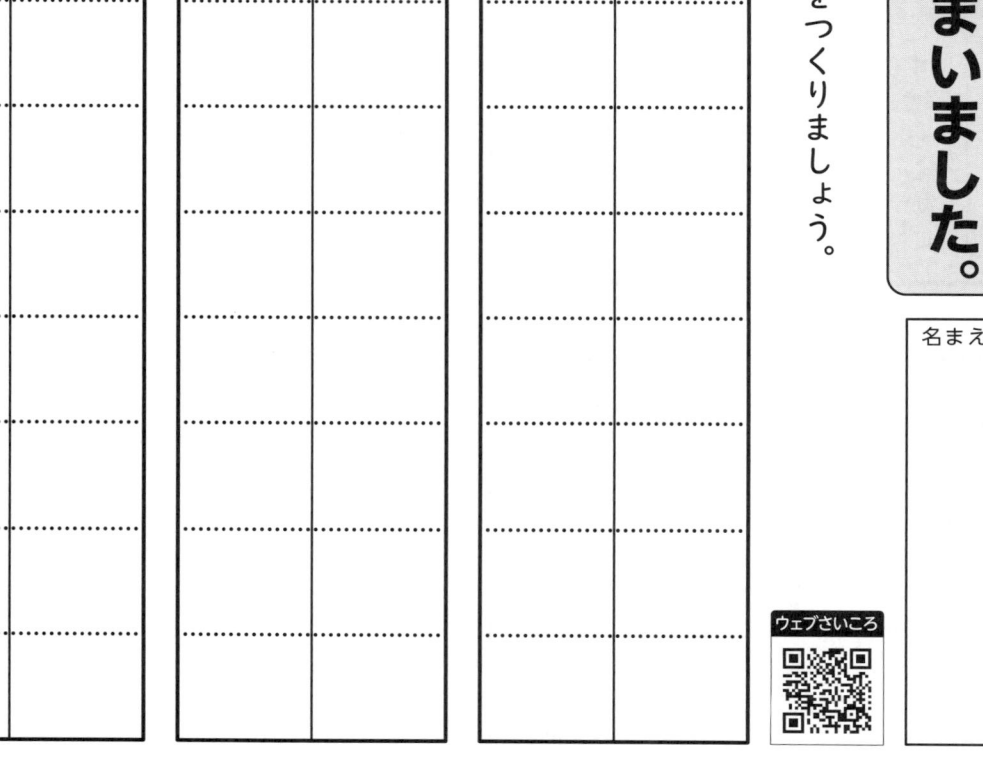

オノマトペ②

わたしはすいすいとあるきます。

さいころを3かいふって文をつくりましょう。
□にあたったらことばをかんがえましょう。

名まえ

ねん　くみ

ウェブさいころ

⚀	⚁	⚂	⚃	⚄	⚅
わたしは	ねこが	からすは	友だちが	おじさんは	□が

⚀⚁	⚂⚃	⚄⚅
すいすいと	とろとろと	ふらふらと

⚀	⚁	⚂	⚃	⚄	⚅
あるきます。	かえります。	うごきます。	すすみます。	はしります。	もどります。

カタカナ①

アメリカのテニスを見たいです。

さいころを3かいふって文をつくりましょう。

名まえ

ねん　くみ

ウェブさいころ

- ⚀ アメリカの
- ⚁ フランスの
- ⚂ イギリスの
- ⚃ タイの
- ⚄ イタリアの
- ⚅ スペインの

- ⚀ テニスを
- ⚁ ゴルフを
- ⚂ サッカーを
- ⚃ ボクシングを
- ⚄ プロレスを
- ⚅ カーレースを

- ⚀ 見たいです。
- ⚁ やりたいです。
- ⚂ したいです。
- ⚃ おうえんしたいです。
- ⚄ したくない。
- ⚅ しりたい。

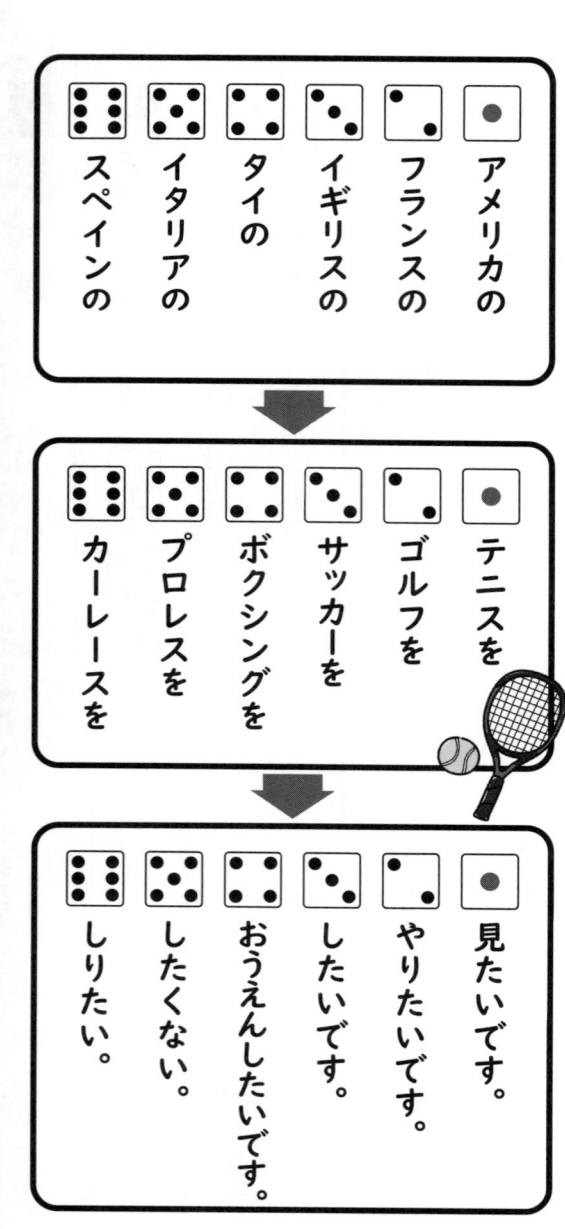

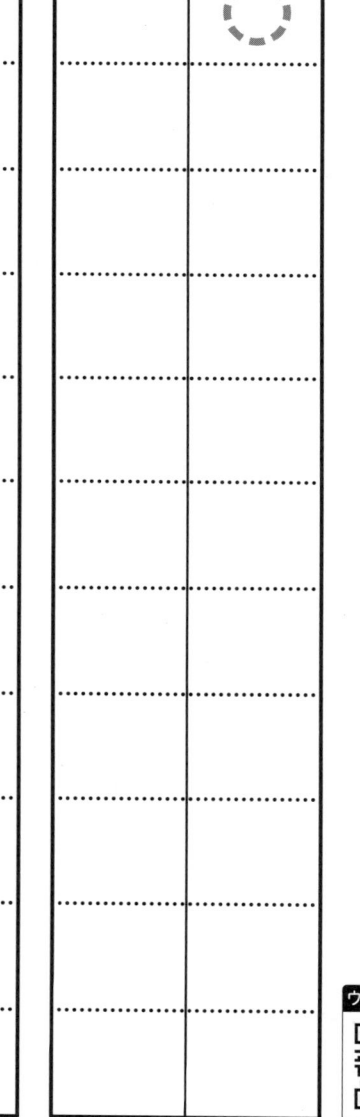

パパはレストランでレスリングをします。

名まえ　ねん　くみ

さいころを3かいふって文をつくりましょう。

□にあたったらことばをかんがえましょう。

ウェブさいころ

1. パパは
2. ママが
3. デビットは
4. ゾンビが
5. チーフは
6. □は

↓

1. レストランで
2. グラウンドで
3. パーキングで
4. デパートで
5. リングで
6. □で

↓

1. レスリングをします。
2. ライブをします。
3. ショーをします。
4. コンサートをします。
5. ランニングをします。
6. □。

比ゆ（明ゆ）①

コアラのようなねがお。

さいころを3かいふって文をつくりましょう。

名まえ

ねん　くみ

ウェブさいころ

さいころ	
1	コアラ
2	ペット
3	ライオン
4	ねこ
5	ぞう
6	犬

さいころ	
1・2・3	のような
4・5・6	みたいな

さいころ	
1	ねがお。
2	こえでうたう。
3	足。
4	目のかがやき。
5	ただしいうごき。
6	しっぽをふる。

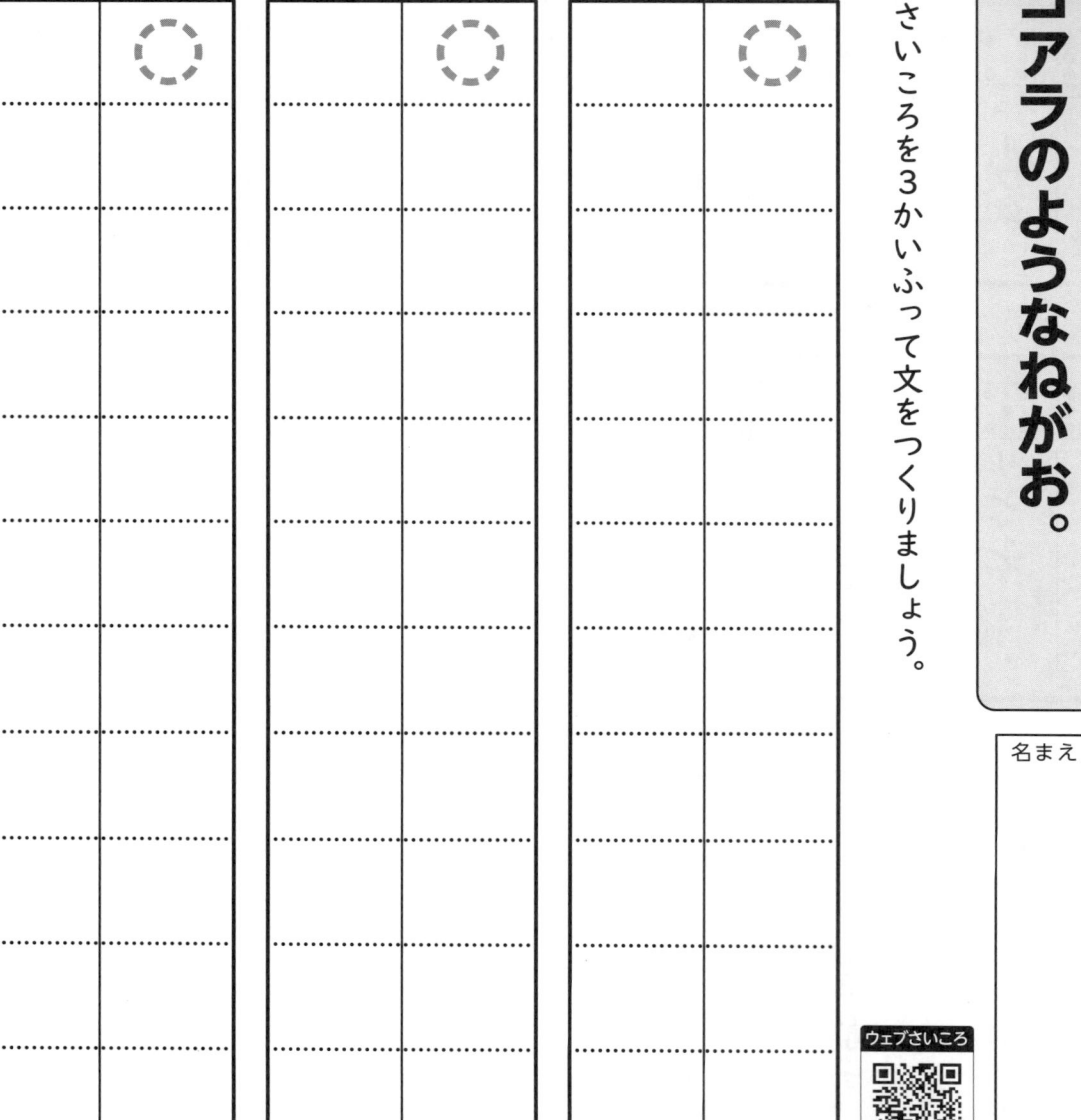

石のような大きさだ。

さいころを3かいふって文をつくりましょう。
□にあたったらことばをかんがえましょう。

名まえ

ねん　くみ

ウェブさいころ

1: 石　2: ほし　3: にじ　4: おに　5: さかな　6: □

⬇

1〜3: のような　4〜6: みたいな

⬇

1: 大きさだ。　2: かがやきだ。　3: うつくしさだ。　4: つよさだ。　5: いろだ。　6: □。

疑問文①

おかあさんの名まえはなんでしょうか。おかあさんの名まえはみちよです。

名まえ　　ねん　　くみ

さいころを2かいふって文しょうをつくりましょう。

ウェブさいころ

- ⚀ おかあさんの名まえはなんでしょうか。おかあさんの名まえは
- ⚁ はかせの名まえはなんでしょうか。はかせの名まえは
- ⚂ ともだちの名まえはなんでしょうか。ともだちの名まえは
- ⚃ 天しの名まえはなんでしょうか。天しの名まえは
- ⚄ ゆうしゃの名まえはなんでしょうか。ゆうしゃの名まえは
- ⚅ かいじゅうの名まえはなんでしょうか。かいじゅうの名まえは

- ⚀ みちよです。
- ⚁ りくです。
- ⚂ はるとです。
- ⚃ いちろうです。
- ⚄ アリエルです。
- ⚅ ゴンです。

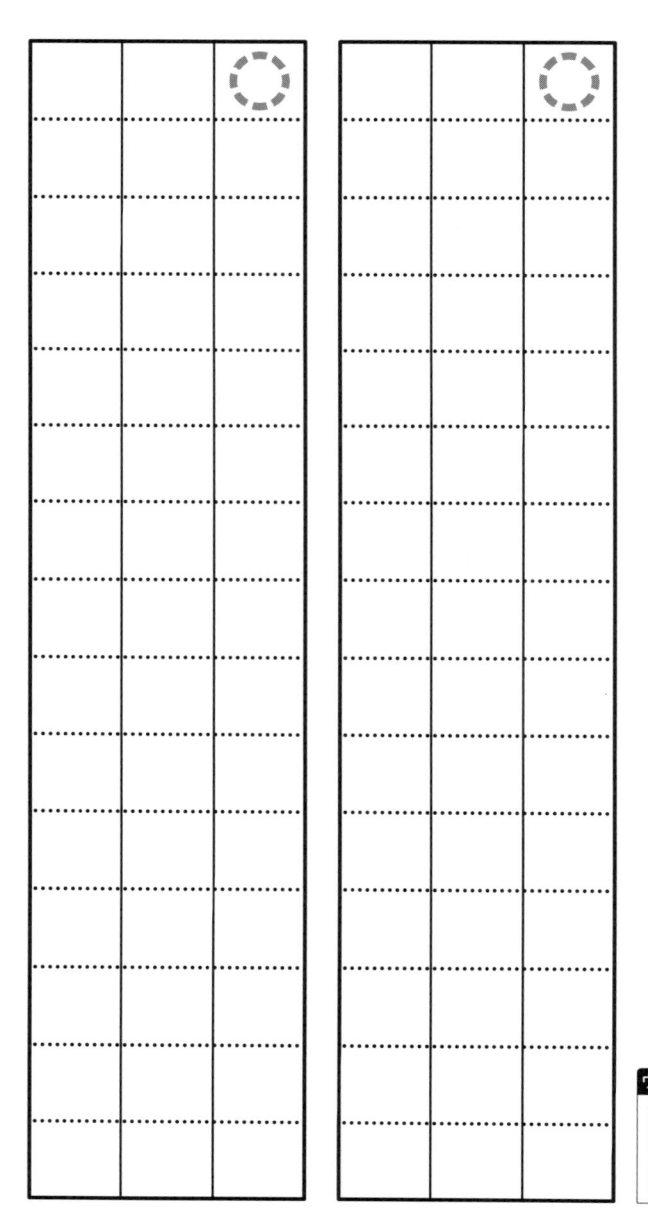

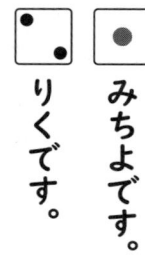

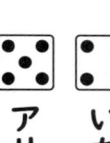

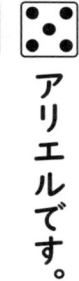

疑問文②

犬の名まえはなんでしょうか。犬の名まえはポチです。

名まえ
ねん　くみ

ウェブさいころ

さいころを2かいふって文しょうをつくりましょう。
□にあたったらことばをかんがえましょう。

⚀ 犬の名まえはなんでしょうか。犬の名まえは
⚁ ひこうきの名まえはなんでしょうか。ひこうきの名まえは
⚂ やさいの名まえはなんでしょうか。やさいの名まえは
⚃ あのはしの名まえはなんでしょうか。あのはしの名まえは
⚄ 小とりの名まえはなんでしょうか。小とりの名まえは
⚅ □の名まえはなんでしょうか。□の名まえは

⚀ ポチです。
⚁ にんじんです。
⚂ チッチです。
⚃ ジェットゴーです。
⚄ レインボーブリッジです。
⚅ □。

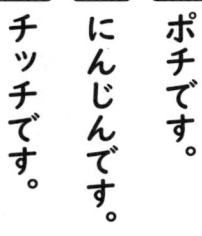

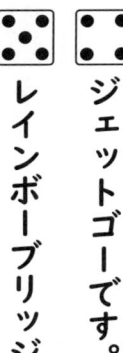

時間的順序（それから）①

手をあらいました。それから、べんきょうをしました。

さいころを2かいふって文しょうをつくりましょう。

名まえ

ねん　くみ

ウェブさいころ

手をあらいました。
さんぽにいきました。
あそびにいきました。
おやつをたべました。
ゲームをしました。
早おきをしました。

それから、べんきょうをしました。
それから、ぐっすりねました。
それから、ごはんをたべました。
それから、うたをうたいました。
それから、おどり出しました。
それから、まい子になりました。

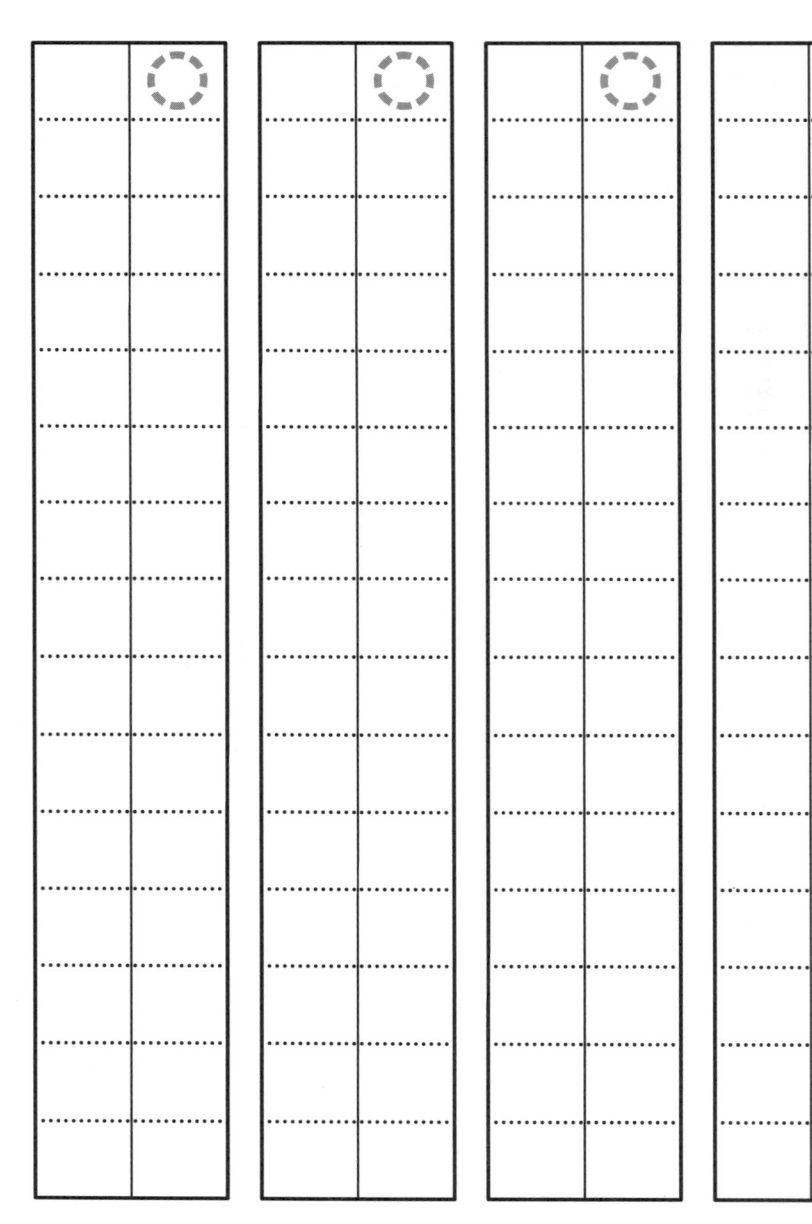

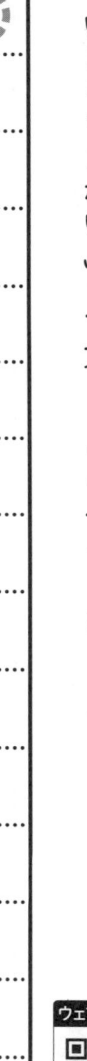

そうじをしました。それから、おふろに入りました。

さいころを2かいふって文しょうをつくりましょう。

□にあたったらことばをかんがえましょう。

名まえ　　ねん　　くみ

ウェブさいころ

さいころ	
1	そうじをしました。
2	シャワーをあびました。
3	おならをしました。
4	わすれものをしました。
5	ねぼうをしました。
6	□。

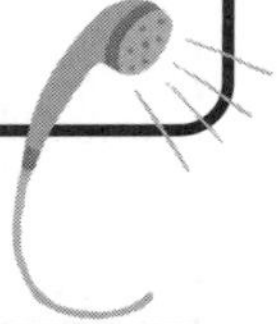

さいころ	
1	それから、おふろに入りました。
2	それから、テレビを見ました。
3	それから、トイレにいきました。
4	それから、なき出しました。
5	それから、ひるねをしました。
6	それから、□。

時間的順序（やがて）①

あるきつづけました。やがて、あさになりました。

名まえ

ねん　くみ

さいころを2かいふって文しょうをつくりましょう。

ウェブさいころ

⚀	あるきつづけました。
⚁	山をのぼりました。
⚂	およぎつづけました。
⚃	かいだんを上がりました。
⚄	あなをほりつづけました。
⚅	目がいたくなりました。

⚀	やがて、あさになりました。
⚁	やがて、体がつかれました。
⚂	やがて、ねむくなりました。
⚃	やがて、うごけなくなりました。
⚄	やがて、気をうしないました。
⚅	やがて、よるになりました。

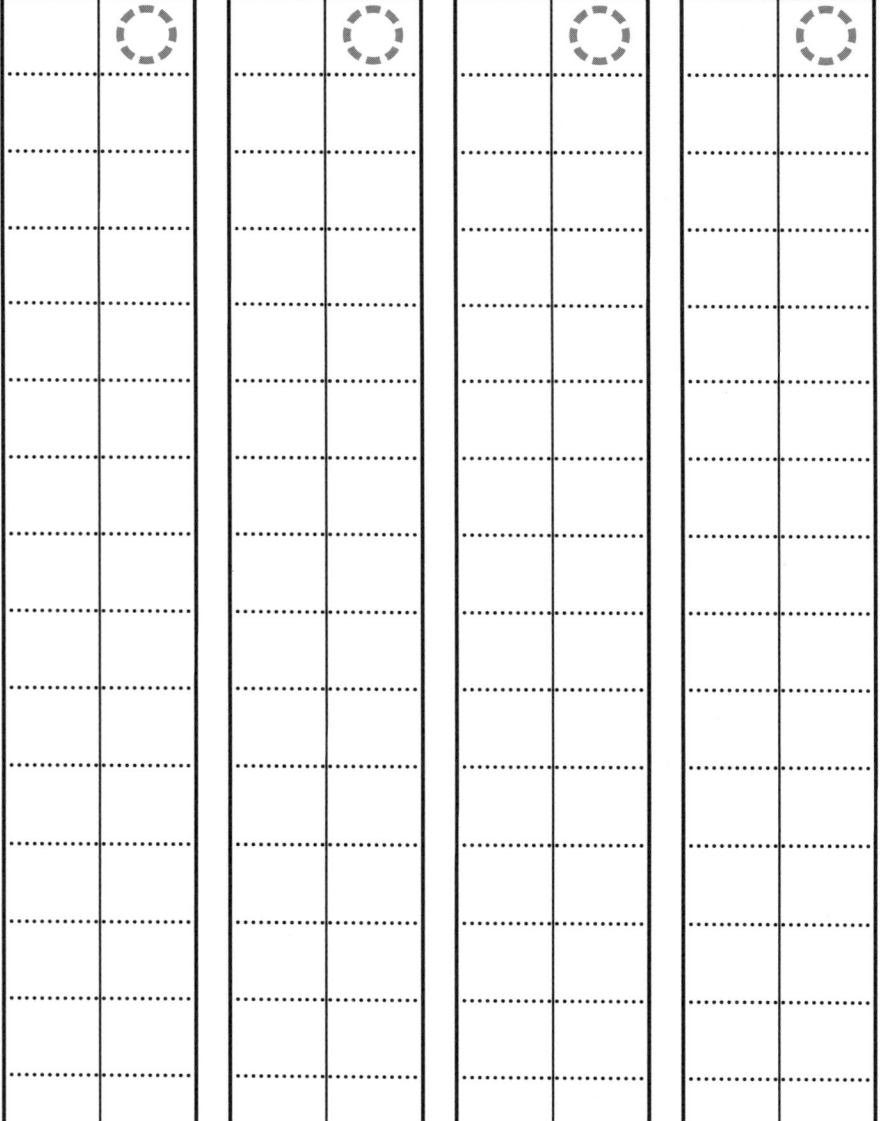

赤ちゃんがおきました。やがて、おこり出しました。

さいころを2回ふって文しょうをつくりましょう。
□にあたったらことばをかんがえましょう。

名まえ
ねん　くみ

ウェブさいころ

赤ちゃんがおきました。
くまがやってきました。
ママが見ています。
おばけが見えました。
おじいさんとあいました。
かえるがとんできました。

やがて、おこり出しました。
やがて、にげ出しました。
やがて、わらいました。
やがて、ほえました。
やがて、すわりこみました。
やがて、□。

はじめに、はしりました。つぎに、ころびました。

名まえ　ねん　くみ

さいころを2回ふって文しょうをつくりましょう。

ウェブさいころ

はじめに、はしりました。
はじめに、あるきました。
はじめに、おどりました。
はじめに、あくびをしました。
はじめに、あそびました。
はじめに、おならをしました。

つぎに、ころびました。
つぎに、さか立ちをしました。
つぎに、ゲームをしました。
つぎに、くしゃみをしました。
つぎに、かえりました。
つぎに、おこられました。

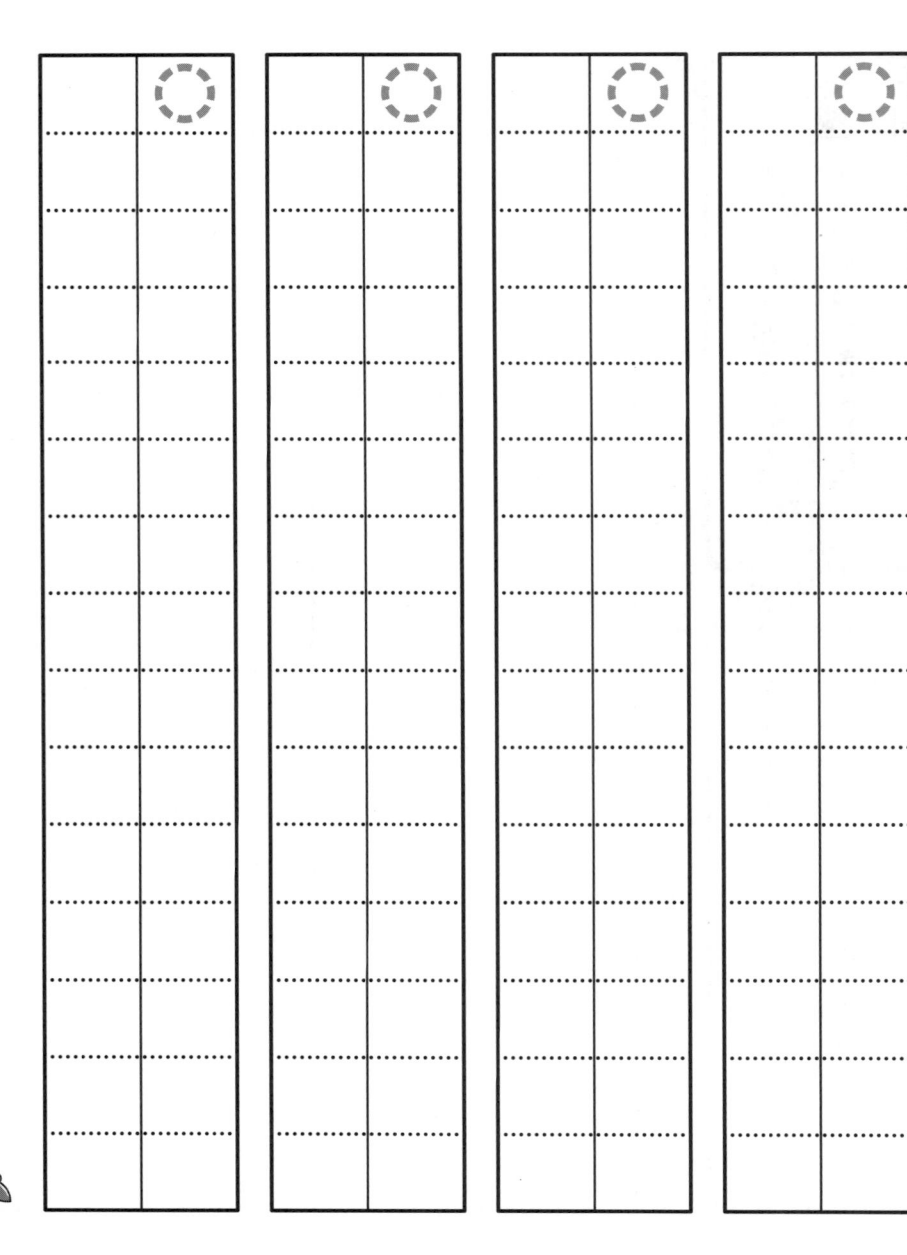

時間的順序（はじめに・つぎに）②

はじめに、ふざけました。つぎに、おこられました。

名まえ

ねん　くみ

さいころを2かいふって文をつくりましょう。

□にあたったらことばをかんがえましょう。

ウェブさいころ

- はじめに、ふざけました。
- はじめに、にげました。
- はじめに、わすれました。
- はじめに、さぼりました。
- はじめに、うそをつきました。
- はじめに、□。

- つぎに、おこられました。
- つぎに、なきました。
- つぎに、かくれました。
- つぎに、あやまりました。
- つぎに、はんせいしました。
- つぎに、□。

Let's Try 1 Unit 9
Who are you?

〈 エンドレスすごろく① 〉

【 使い方 】

普通のすごろくのように２人で交互にさいころを振りながら進めます。

１人が「Who are you?」と質問したら、もう１人がさいころを振ります。

止まったところの「生き物」（十二支）を答えます。

例えば「I'm a dog.」と答えて、中央の十二支サイクルに丸をつけます。

以下、交代で続けていきます。

One break に止まったら、一回休みです。

制限時間内で丸がたくさんついた方、もしくは、全部丸が付いた方の勝ちです。

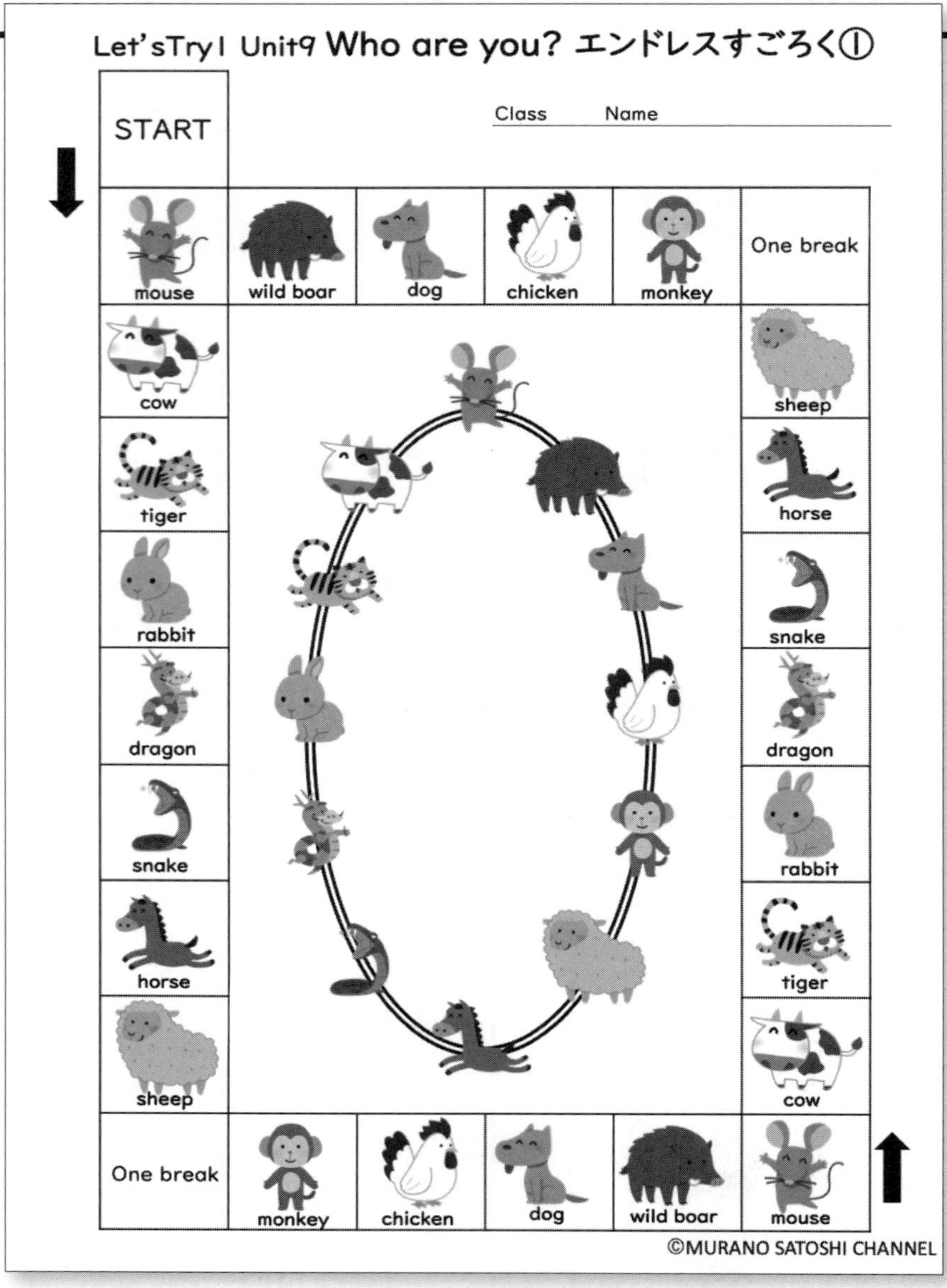

← 「エンドレスすごろく」をお求めの方は QR コードよりご入手できます。

「教材工房」タブより

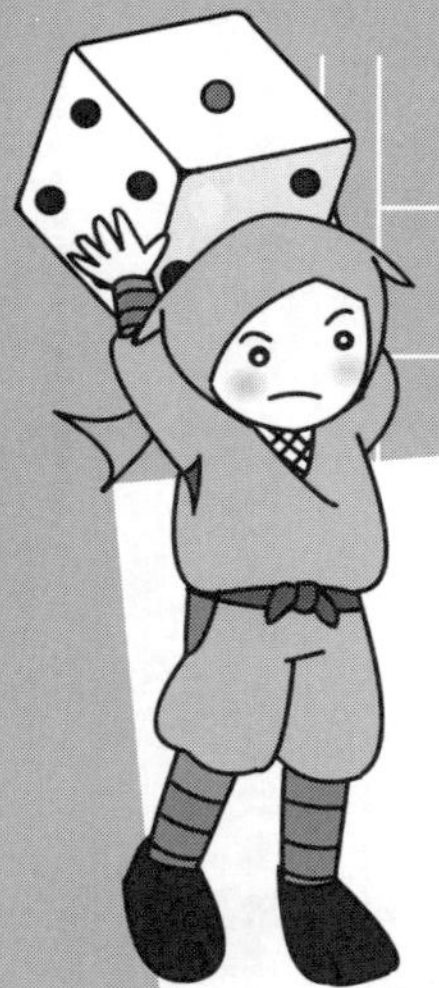

村野式熱中ゲーム

さいころ作文96

中学年 編

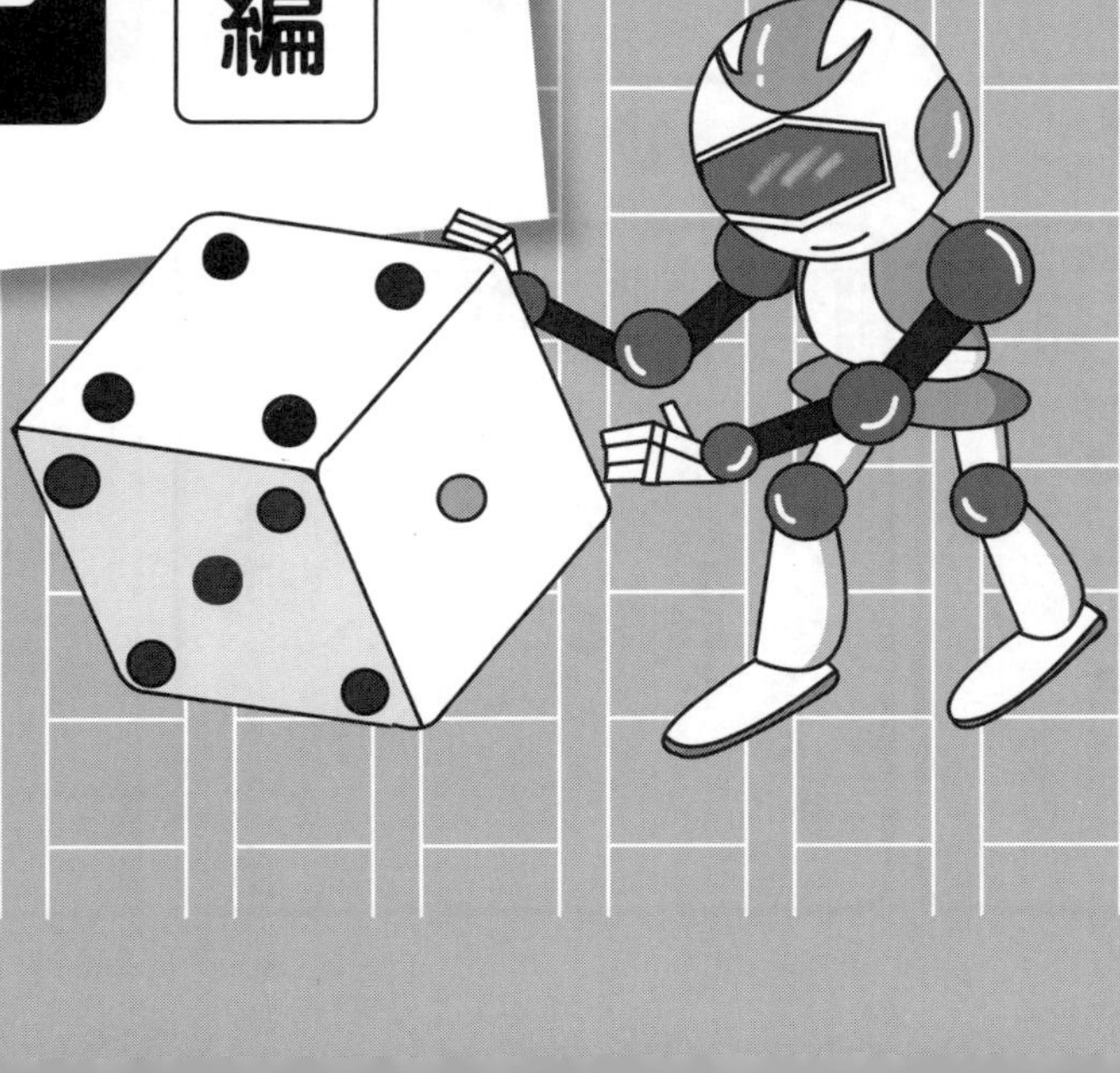

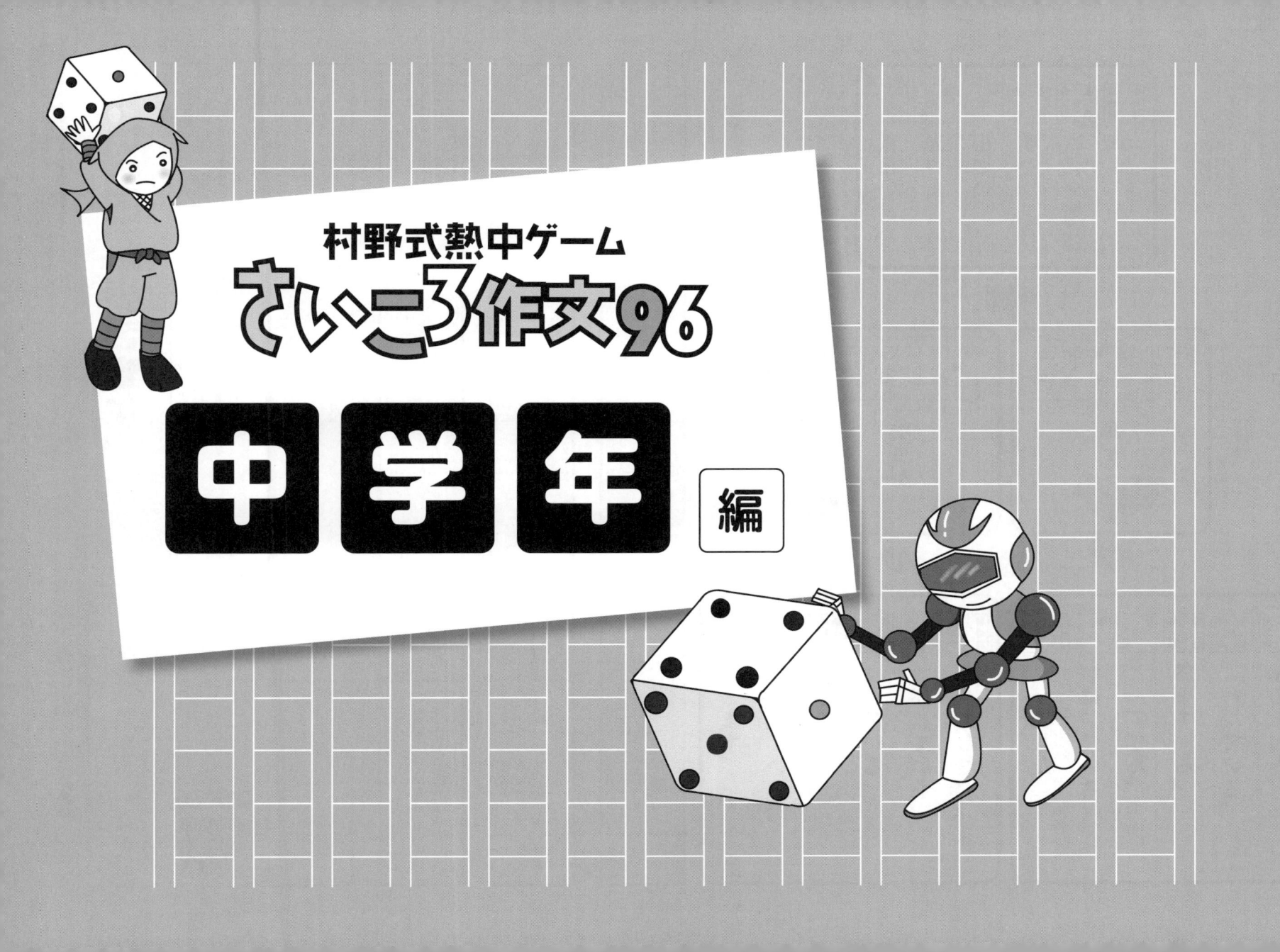

茶色い毛虫が歩きます。

さいころを3回ふって文を作りましょう。

名前

年　組

ウェブさいころ

- (1) 茶色い
- (2) 光った
- (3) 小さい
- (4) 赤い
- (5) とがった
- (6) かわいい

(1)(2)(3) 毛虫が

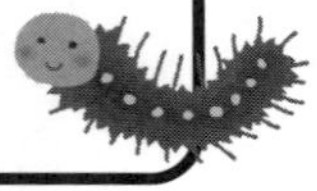

(4)(5)(6) 鳥が

毛虫が：

- (1) 歩きます。
- (2) ねむっている。
- (3) おちてくる。
- (4) はっている。
- (5) つぶれている。
- (6) ふっとんだ。

鳥が：

- (1) とびました。
- (2) いばっている。
- (3) とんできた。
- (4) おちている。
- (5) よわっている。
- (6) ふんをした。

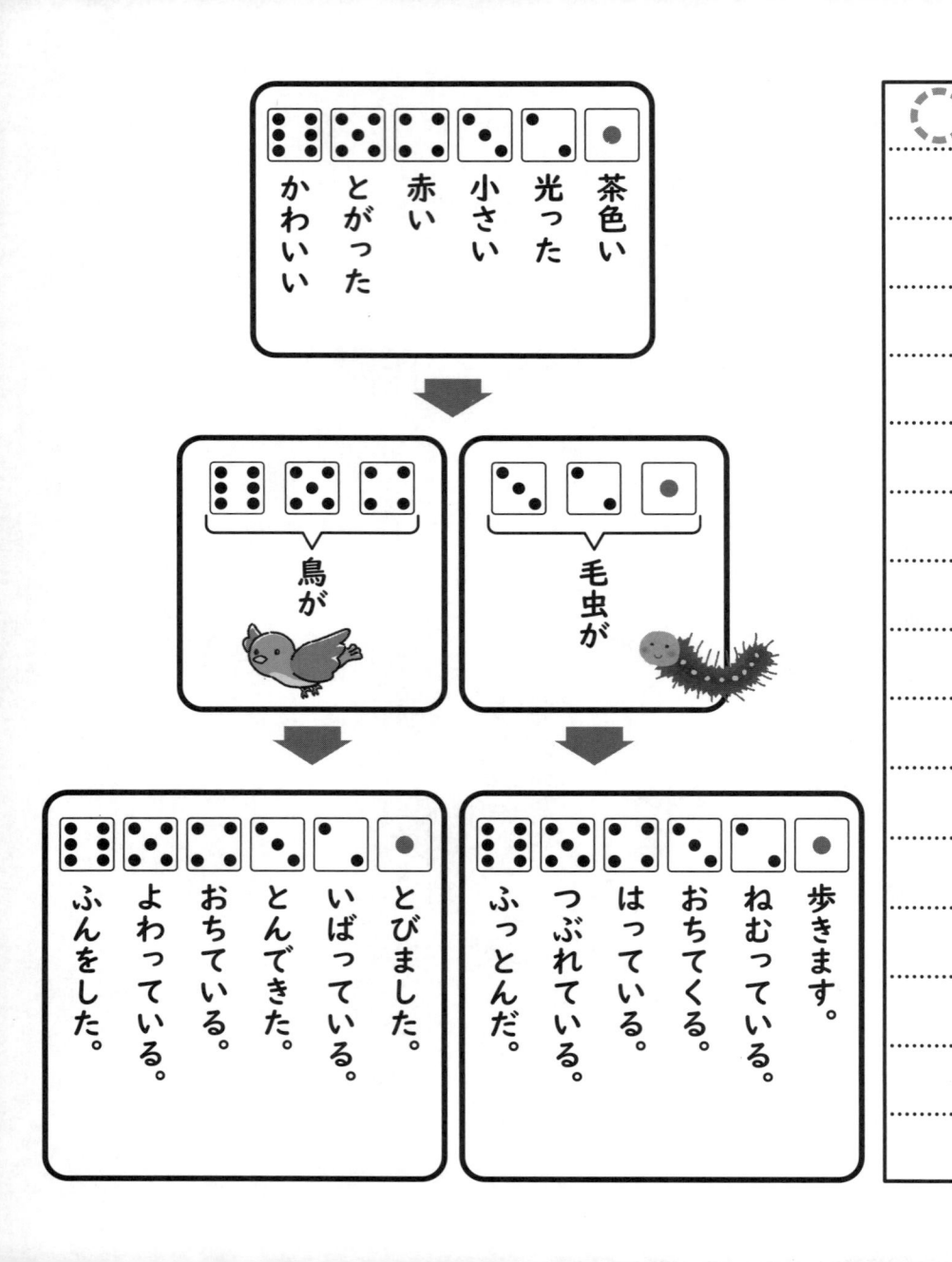

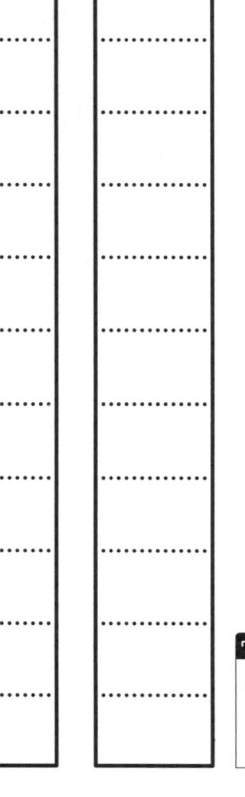

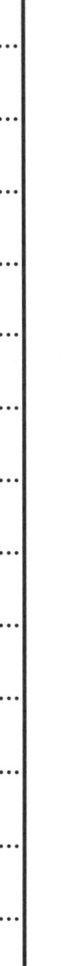

白いへびがくねくねする。

さいころを3回ふって文を作りましょう。
□に当たったらことばを考えましょう。

名前
年　組

ウェブさいころ

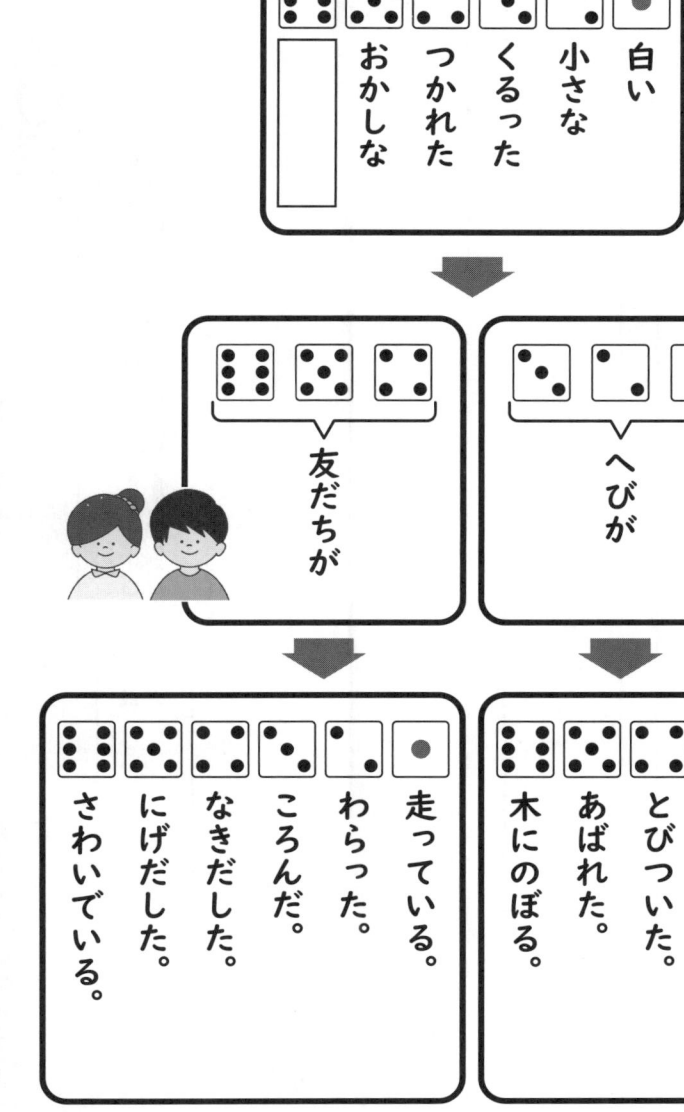

白い
小さな
くるった
つかれた
おかしな
□

へびが

友だちが

くねくねする。
とび上がった。
やってきた。
とびついた。
あばれた。
木にのぼる。

走っている。
わらった。
ころんだ。
なきだした。
にげだした。
さわいでいる。

虫がひさびさにとびました。

さいころを3回ふって文を作りましょう。

名前

年　組

ウェブさいころ

1回目
- ⚀⚁ 虫が
- ⚂⚃ さるが
- ⚄⚅ 自分が

2回目
- ⚀⚁ ひさびさに
- ⚂⚃ すぐに
- ⚄⚅ さいしょに

3回目（ひさびさに）
- ⚀⚁ とびました。
- ⚂⚃ やってきました。
- ⚄⚅ なき出しました。

3回目（すぐに）
- ⚀⚁ おどけました。
- ⚂⚃ おこりました。
- ⚄⚅ なやみました。

3回目（さいしょに）
- ⚀⚁ おちこみました。
- ⚂⚃ おどろきました。
- ⚄⚅ 気がつきました。

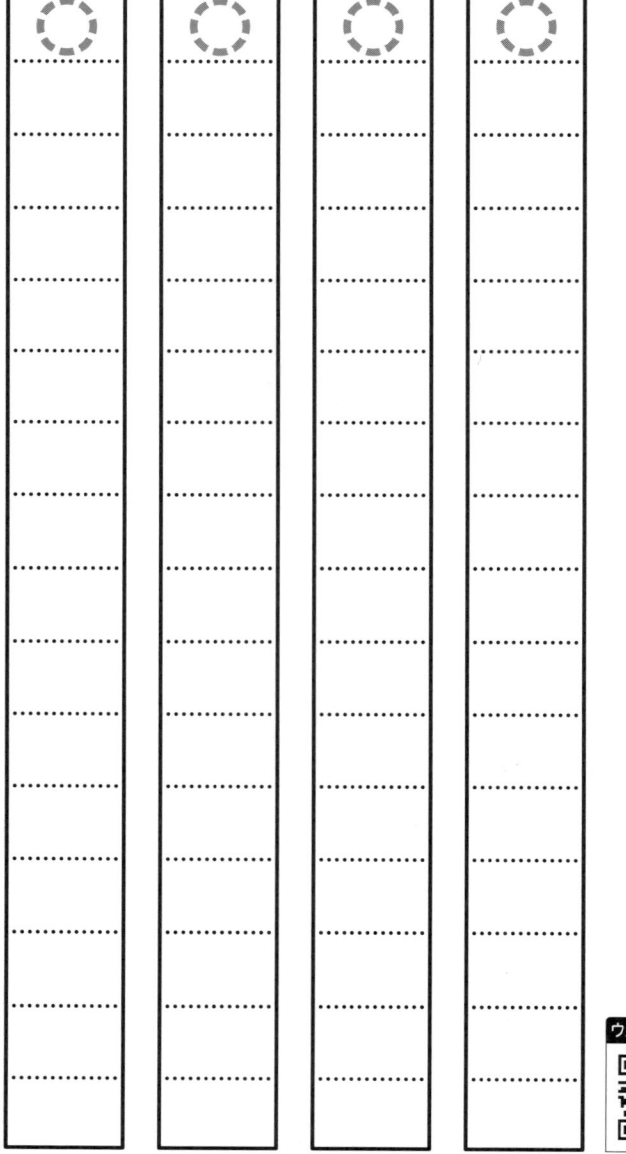

わたしはちょっとおどろいた。

さいころを3回ふって文を作りましょう。

［　］に当たったらことばを考えましょう。

名前　　年　　組

ウェブさいころ

わたしは
母は
ねこは

ちょっと
だいぶ
長く

おどろいた。
いかった。
おちついた。

［　］。
わらった。
すべった。

ころがった。
ないた。
さわいだ。

目的語①

ひろしは石を見つめました。

名前

年　組

さいころを3回ふって文を作りましょう。

さいころ	1回目	2回目	3回目
⚀	ひろしは	石を	見つめました。
⚁	ひろしは	さいふを	にぎりしめました。
⚂	ひろしは	図かんを	ほしがりました。
⚃	かれは	花びらを	見つけました。
⚄	かれは	ねずみを	なくしました。
⚅	かれは	人形を	かくしました。

ウェブさいころ

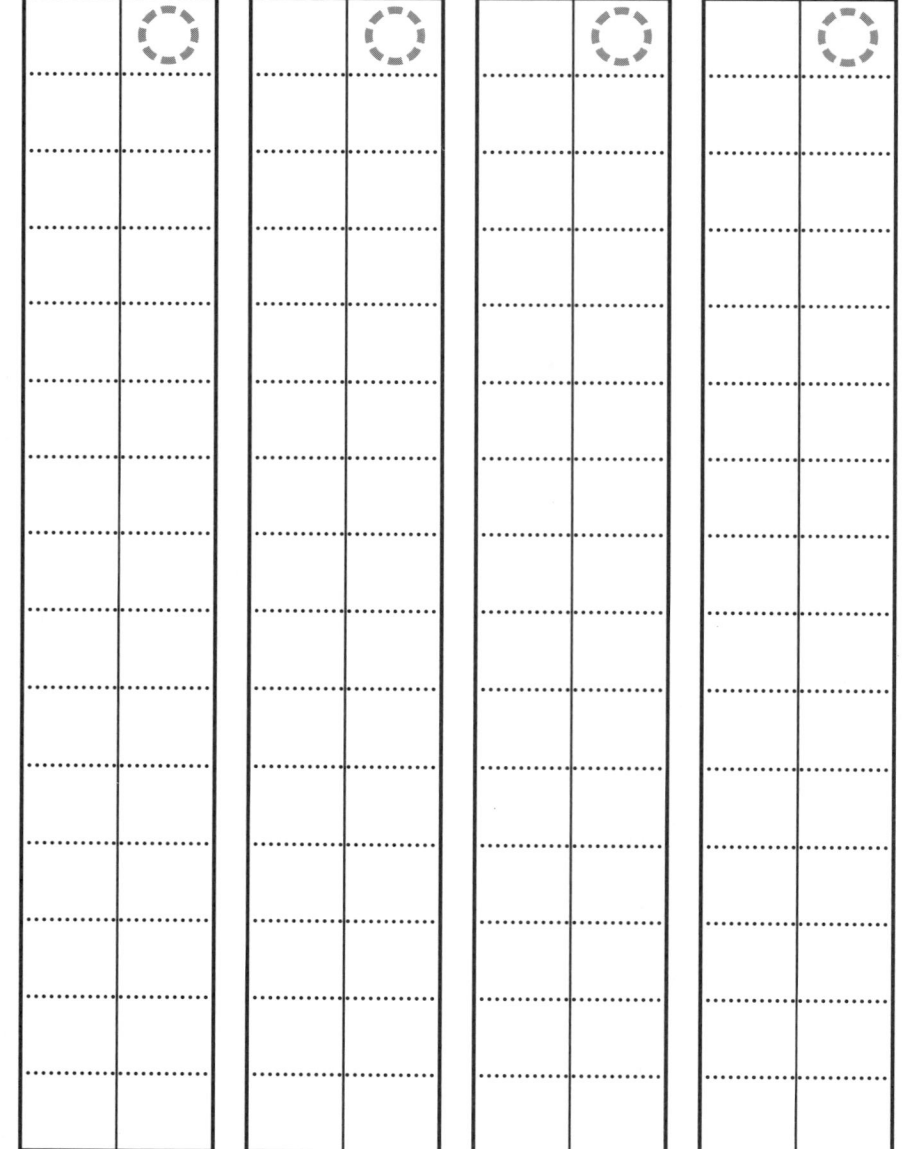

目的語②

花子はあめを買いました。

さいころを3回ふって文を作りましょう。
［　　］に当たったらことばを考えましょう。

名前
年　組

ウェブさいころ

さいころ	ことば
1・2・3	花子は
4・5・6	かの女は

さいころ	ことば
1	あめを
2	ケーキを
3	ふろしきを
4	ジュースを
5	フルーツを
6	［　　］を

さいころ	ことば
1	買いました。
2	もってきました。
3	もらいました。
4	いただきました。
5	とられました。
6	［　　］。

三日前、がけでかれはごはんをはこの中へおいてきた。

名前

年　組

さいころを6回ふって文を作りましょう。

ウェブさいころ

いつ

1. 三日前、
2. 夏休み、
3. 五年前、
4. むかし、
5. 今さっき、
6. あの時、

どこで

1. がけで
2. 川で
3. にわで
4. 水星で
5. 家で
6. 池で

だれは

1. かれは
2. かの女は
3. じいさんは
4. ばあさんは
5. 友だちは
6. 花子は

なにを

1. ごはんを
2. 石ころを
3. 紙くずを
4. おもちゃを
5. たからものを
6. 友だちを

どこへ

1. はこの中へ
2. そうこへ
3. 戸だなへ
4. 水の中へ
5. 火の中へ
6. そのへんへ

どうした。

1. おいてきた。
2. しまいに行った。
3. かくしてみた。
4. 立てかけた。
5. なげすてた。
6. たたきつけた。

いつ・どこで・だれは・なにを・どこへ・どうした②

少し前、原っぱであいつはえさをごみばこへすてた。

名前

年　組

さいころを6回ふって文を作りましょう。

□に当たったらことばを考えましょう。

ウェブさいころ

いつ

⚀	少し前、
⚁	さく夜、
⚂	今、
⚃	十年前、
⚄	たった今、
⚅	□、

どこで

⚀	原っぱで
⚁	近じょで
⚂	工場で
⚃	校ていで
⚄	町中で
⚅	□で

だれは

⚀	あいつは
⚁	こいつは
⚂	山田さんは
⚃	少年は
⚄	子ねこは
⚅	□は

なにを

⚀	えさを
⚁	しょうゆを
⚂	アイスを
⚃	ガムを
⚄	チーズを
⚅	□を

どこへ

⚀	ごみばこへ
⚁	歩道へ
⚂	石の上へ
⚃	あなの中へ
⚄	草かげへ
⚅	□へ

どうした。

⚀	すてた。
⚁	かざった。
⚂	おいてみた。
⚃	ならべた。
⚄	ほうちした。
⚅	□。

心内語の「　」①

ぼくは「つらいな。」と思いました。

さいころを3回ふって文を作りましょう。
心内語《しんないご》の「　」は改行《かいぎょう》しません。

名前

年　組

ウェブさいころ

- 1・2・3：ぼくは
- 4・5・6：わたしは

↓

- 1：「つらいな。」
- 2：「やったあ。」
- 3：「しめた。」
- 4：「ざんねんです。」
- 5：「まいったなあ。」
- 6：「楽しいなあ。」

↓

- 1・2・3：と思いました。
- 4・5・6：とかんじました。

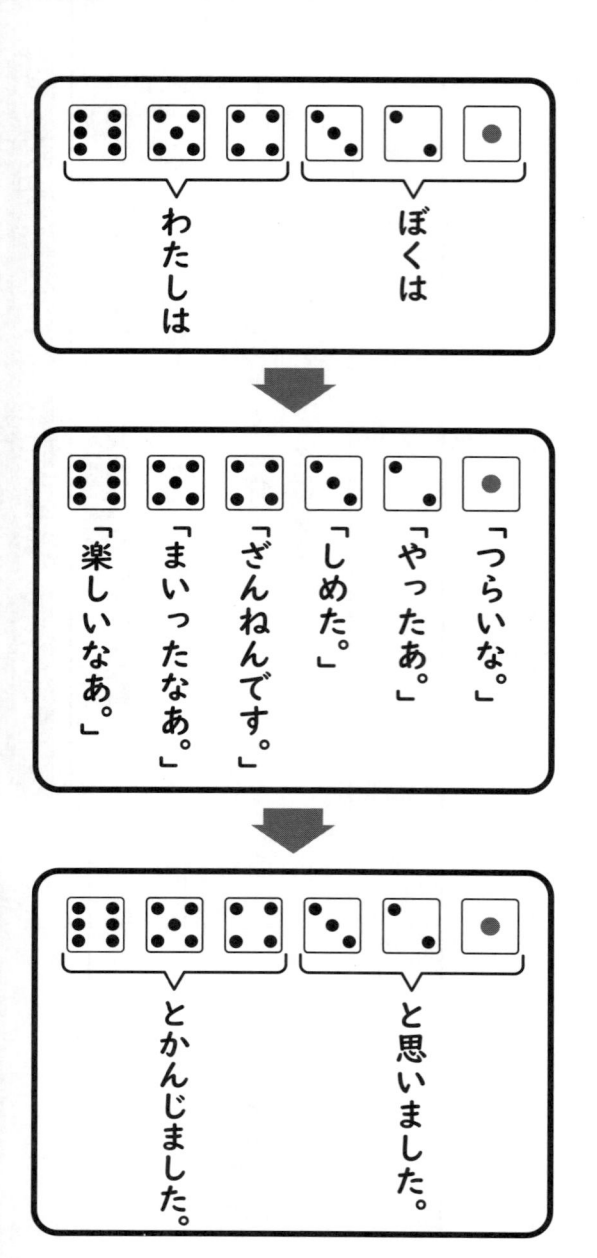

わたしは「しまった。」と思った。

さいころを3回ふって文を作りましょう。
□に当たったらことばを考えましょう。
心内語《しんないご》の「　」は改行《かいぎょう》しません。

名前

年　組

ウェブさいころ

さいころ	
1・2・3	わたしは
4・5・6	ぼくは

さいころ	
1	「しまった。」
2	「おいしい。」
3	「やったね。」
4	「すごい。」
5	「あれま。」
6	「□。」

さいころ	
1・2・3	と思った。
4・5・6	とかんじた。

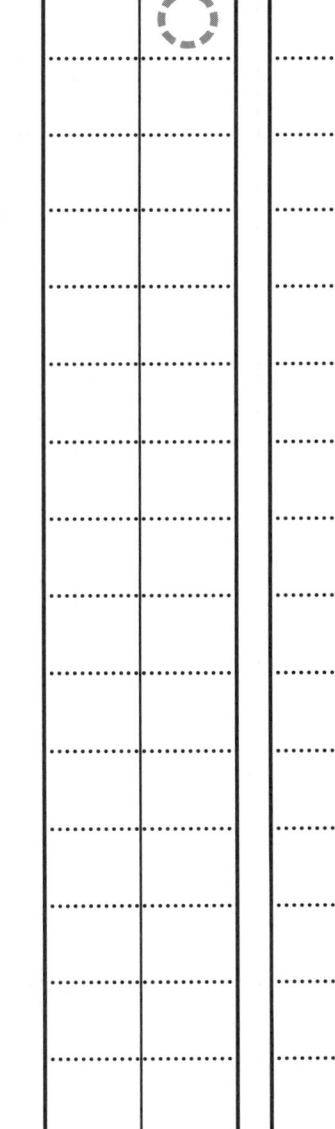

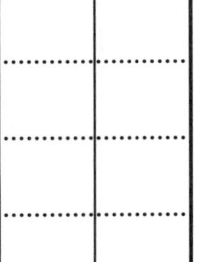

教科書には「りながなきながら走り回った。」と書いてある。

さいころを3回ふって文を作りましょう。
引用符《いんようふ》の「　」は改行《かいぎょう》しません。

名前　　年　　組

ウェブさいころ

さいころ	
1・2・3	教科書には「りなが
4・5・6	教科書には「犬が

さいころ	
1	なきながら
2	歌を歌いながら
3	うれしそうな顔で
4	おこった顔で
5	太ようを見上げた後に
6	夜ねる前に

さいころ	
1	走り回った。」と書いてある。
2	水をのんだ。」と書いてある。
3	家に帰った。」と書いてある。
4	ソファでねころがった。」と書いてある。
5	コーヒーをのんだ。」と書いてある。
6	とびばこをとんだ。」と書いてある。

引用符「　」②

教科書には「お母さんがおばけといっしょににらめっこをした。」と書いてある。

さいころを3回ふって文を作りましょう。□に当たったらことばを考えましょう。引用符《いんようふ》の「　」は改行《かいぎょう》しません。

名前

年　組

ウェブさいころ

教科書には「お母さんが

教科書には「たぬきが

教科書には「□が

おばけといっしょに

台風の日に

雲の上で

ライオンと

海の中で

友だちといっしょに

にらめっこをした。」と書いてある。

じゃんけんをした。」と書いてある。

□」。と書いてある。

このりんごが食べられました。

名前　　年　　組

さいころを3回ふって文を作りましょう。

さいころ	1	2	3	4	5	6
1回目	この	この	その	その	あの	どの

さいころ	1	2	3	4	5	6
2回目	りんごが	りんごが	りんごが	すいかが	すいかが	すいかが
3回目	食べられました。	おいしそうでした。	おちました。	われました。	ころがりました。	買われました。

さいころ	1	2	3	4	5	6
2回目	ゲームが	ゲームが	ゲームが	おもちゃが	おもちゃが	おもちゃが
3回目	すきですか。	ほしいですか。	人気ですか。	あなたのですか。	おすすめですか。	新しいですか。

ウェブさいころ

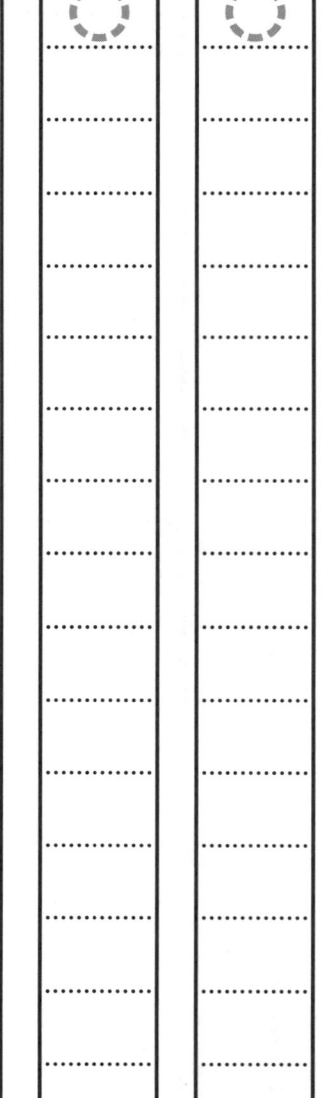

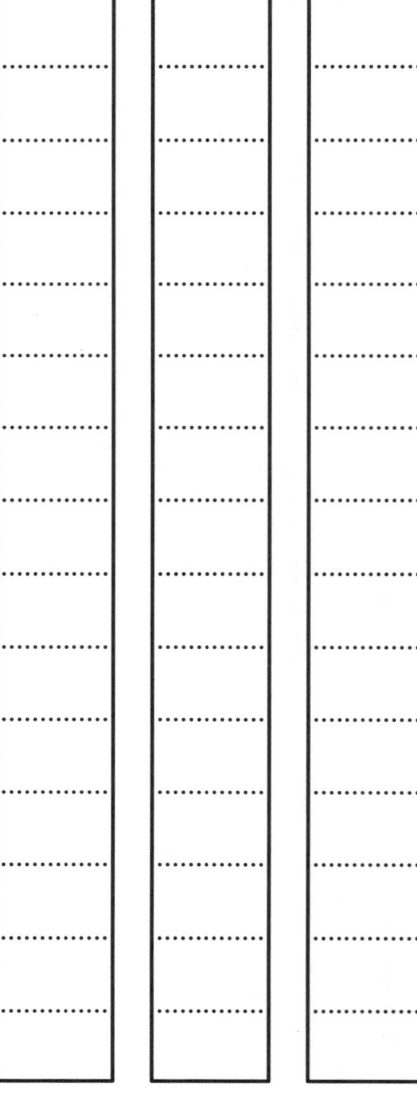

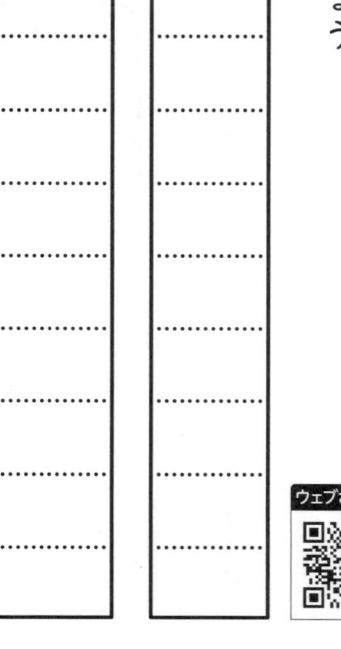

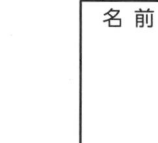

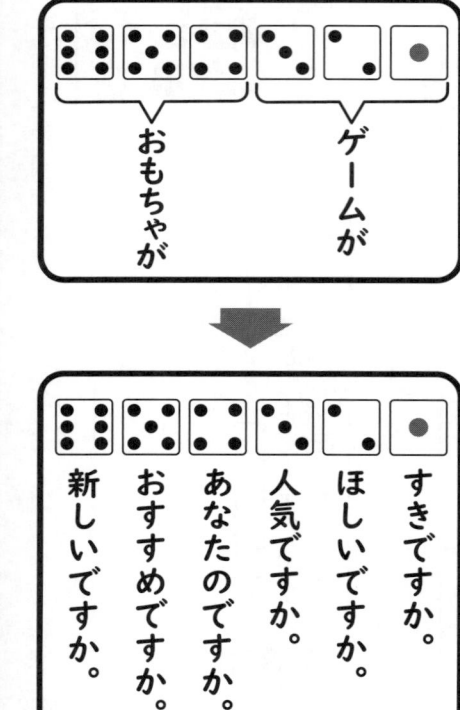

このクッキーが食べたいです。

さいころを3回ふって文を作りましょう。
□に当たったらことばを考えましょう。

名前

年　組

ウェブさいころ

この　その　あの

どの

クッキーが　チョコレートが

ゲームが　マンガが

食べたいです。　われています。　おすすめです。

ほしいですか。　おもしろいですか。　□。

こそあど言葉（これ・それ・あれ・どれ）①

これはわたしのほう石です。

名前

年　組

さいころを3回ふって文を作りましょう。

ウェブさいころ

さいころ			
1	これは	わたしの	ほう石です。
2	これが	あなたの	メダルです。
3	それは	先生の	へそくりです。
4	あれは	社長の	足あとです。
5	あれが	ようかいの	ひみつです。
6	アイドルの	分しんです。	

さいころ			
	どれが		
1		おいしい	ラーメンですか。
2		ゆうめいな	おにぎりですか。
3		人気の	メニューですか。
4		うわさの	スイーツですか。
5		げきからの	だんごですか。
6		どく入りの	えさですか。

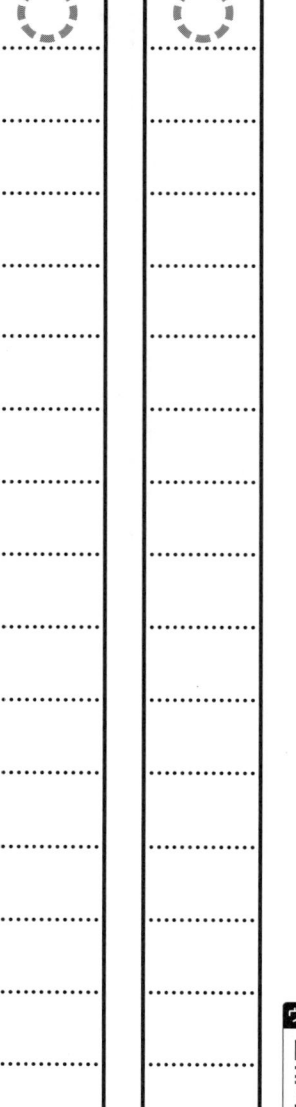

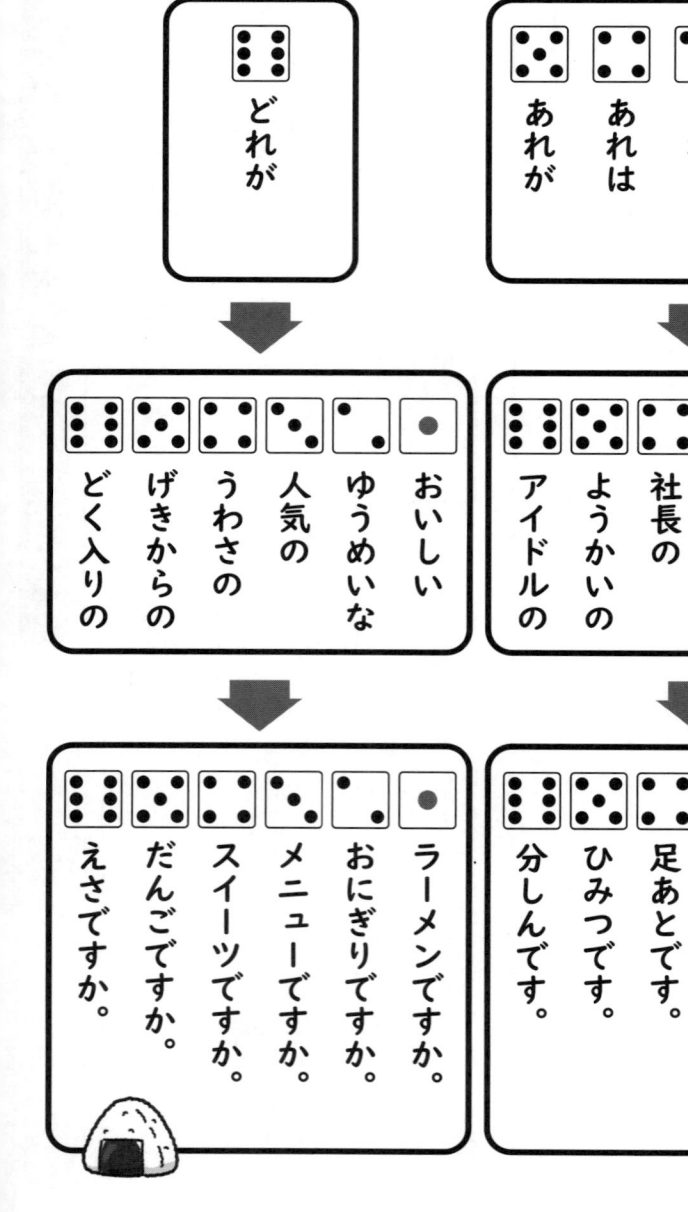

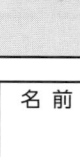

これはおもしろいゲームですか。

さいころを3回ふって文を作りましょう。
□に当たったらことばを考えましょう。

名前　　年　　組

ウェブさいころ

さいころ	
1	これは
2	これが
3	それは
4	あれは
5	あれが
6	どれが

↓

さいころ	
1	おもしろい
2	ワクワクする
3	こわい
4	はずかしい
5	ドキドキする
6	むずかしい

↓

さいころ	
1	ゲームですか。
2	めいろですか。
3	番組ですか。
4	アニメですか。
5	どう画ですか。
6	□ですか。

ここはゆう名な場しょです。

名前

年　組

さいころを3回ふって文を作りましょう。

ウェブさいころ

さいころ	1回目	2回目（ここ・そこ・あそこ）	3回目（ここ・そこ・あそこ）
1	ここは	ゆう名な	場しょです。
2	ここが	自ゆうな	学校です。
3	そこは	ゆかいな	教室です。
4	あそこは	話だいの	へやです。
5	あそこが	うわさの	広場です。
6	（→どこが）	きけんな	じゅくです。

さいころ	1回目	2回目（どこ）	3回目（どこ）
6	どこが		
1		こわい	食どうですか。
2		こんでいる	学校ですか。
3		すいている	どうくつですか。
4		べんりな	コンビニですか。
5		おしゃれな	スーパーですか。
6		しずかな	えきですか。

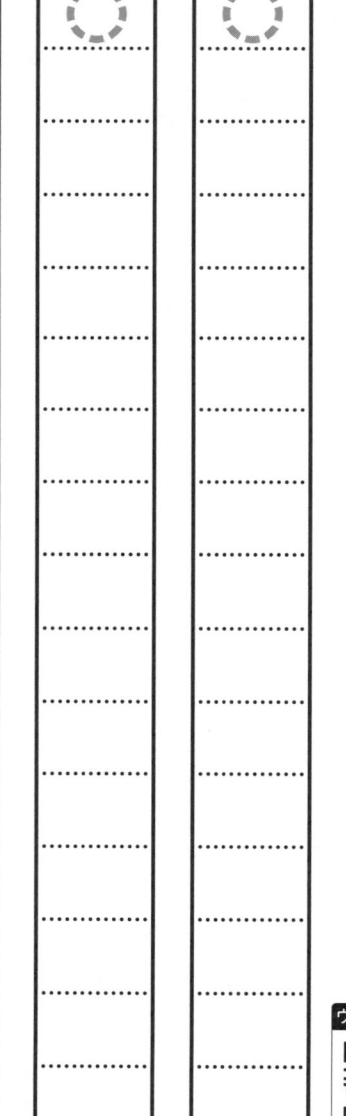

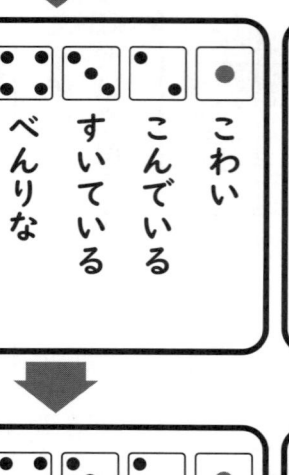

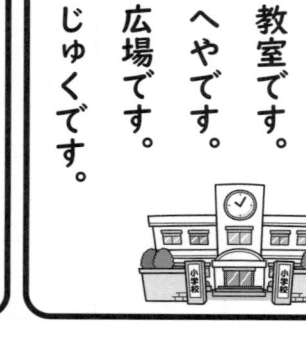

ここはかしこくなる教室ですか。

さいころを3回ふって文を作りましょう。
□に当たったらことばを考えましょう。

名前　　年　組

ウェブさいころ

⚀	⚁	⚂	⚃	⚄	⚅
ここは	ここが	そこは	あそこは	あそこが	どこが

↓

⚀	⚁	⚂	⚃	⚄	⚅
かしこくなる	強くなる	うつくしくなる	やさしくなる	すなおになる	かわいくなる

↓

⚀	⚁	⚂	⚃	⚄	⚅
教室ですか。	学校ですか。	家ですか。	へやですか。	おしろですか。	□ですか。

文と文の接続（順接）①

雨がふってきた。だから、家にいた。

さいころを3回ふって文しょうを作りましょう。

名前

年　組

ウェブさいころ

さいころ	1回目
1	雨がふってきた。
2	風が強くなってきた。
3	雪がふってきた。
4	太ようが出てきた。
5	雲行きがあやしくなってきた。
6	ひょうがふってきた。

さいころ	2回目
1・2	だから、
3・4	そこで、
5・6	それで、

さいころ	3回目
1	家にいた。
2	かさをさした。
3	顔を上げた。
4	走って家に帰った。
5	天気よほうを見た。
6	さけんでしまった。

サッカーボールがとんできた。だから、手を出した。

さいころを3回ふって文しょうを作りましょう。

□に当たったらことばを考えましょう。

名前

年　組

さいころ	文
1	サッカーボールがとんできた。
2	野きゅうボールがとんできた。
3	バレーボールがとんできた。
4	クラスボールがとんできた。
5	ラグビーボールがとんできた。
6	□。

さいころ	ことば
1・2	だから、
3・4	そこで、
5・6	それで、

さいころ	文
1	手を出した。
2	足を出した。
3	むねでうけ止めてみた。
4	けりとばした。
5	たたきおとした。
6	□。

ウェブさいころ

文と文の接続（逆接）①

たからくじが当たった。しかし、それはゆめだった。

さいころを3回ふって文しょうを作りましょう。

名前

年　組

1. たからくじが当たった。
2. ぬいぐるみが当たった。
3. おかしが当たった。
4. 一とうが当たった。
5. けいひんが当たった。
6. メダルがとれた。

- 1・2　しかし、
- 3・4　けれども、
- 5・6　ところが、

1. それはゆめだった。
2. それは親のものになった。
3. それをぬすまれた。
4. それをなくしてしまった。
5. それはにせものだった。
6. それをとり上げられた。

ウェブさいころ

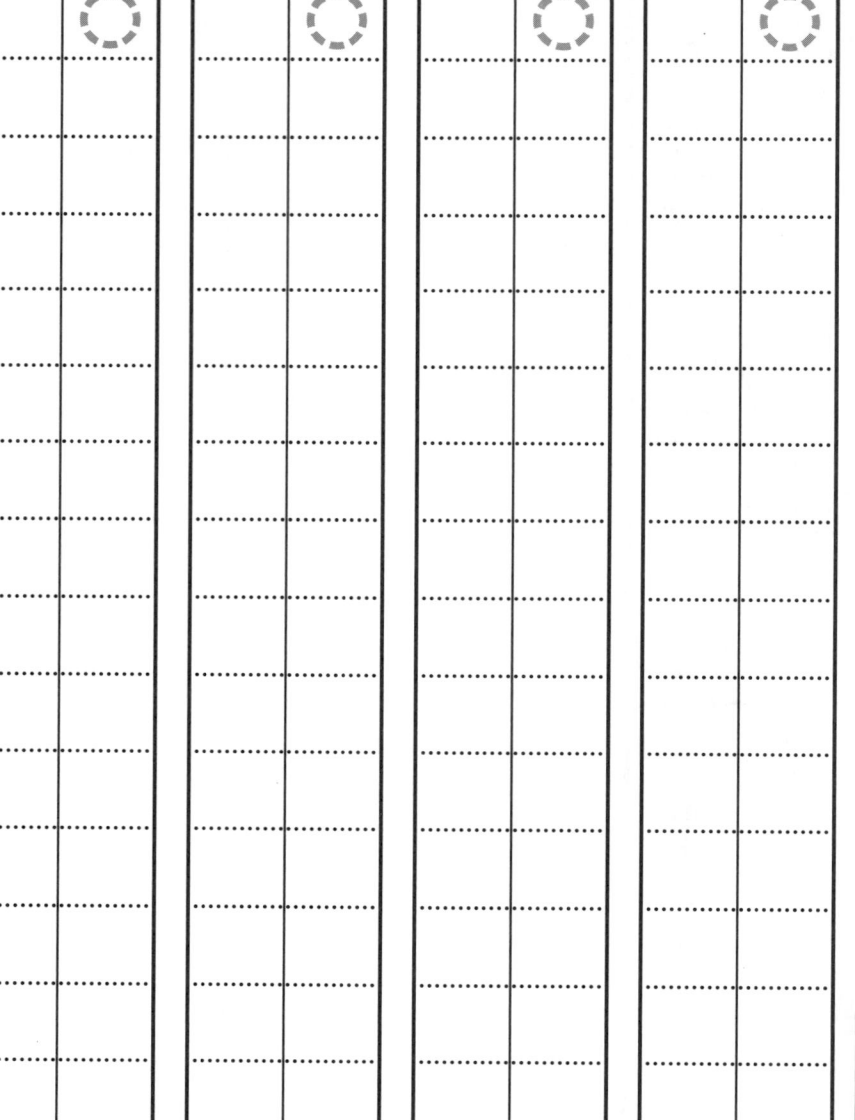

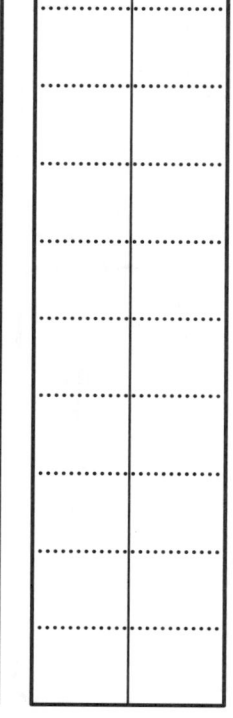

文と文の接続（逆接）②

石につまずいた。しかし、なかなかった。

さいころを3回ふって文しょうを作りましょう。

□に当たったらことばを考えましょう。

名前　　年　組

ウェブさいころ

⚀	石につまずいた。
⚁	自てん車でころんだ。
⚂	ろう下ですべった。
⚃	かいだんでころんだ。
⚄	じょ走中にすべった。
⚅	□。

⚀⚁	しかし、
⚂⚃	けれども、
⚄⚅	ところが、

⚀	なかなかった。
⚁	さがしものが見つかった。
⚂	いたくなかった。
⚃	けがをしなかった。
⚄	一回てんしてぶじだった。
⚅	□。

妹は声をあげた。なぜなら、小学生がとび出してきたからだ。

さいころを3回ふって文しょうを作りましょう。

名前

年　組

ウェブさいころ

さいころ	
1	妹は
2	母は
3	少年は
4	おばは
5	友は
6	兄は

さいころ	
1	声をあげた。
2	おどろいた。
3	かなしくなった。
4	立ちつくした。
5	とび上がった。
6	びっくりした。

さいころ	
1	なぜなら、小学生がとび出してきたからだ。
2	なぜなら、自てん車がたおれていたからだ。
3	なぜなら、外があつすぎたからだ。
4	なぜなら、道をまちがっていたからだ。
5	なぜなら、大雨がふってきたからだ。
6	なぜなら、家にわすれものをしたからだ。

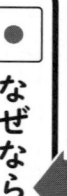

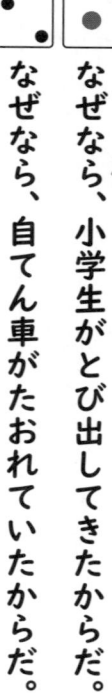

あの人はよろこんだ。なぜなら、せいこうしたからだ。

さいころを3回ふって文しょうを作りましょう。
□に当たったらことばを考えましょう。

名前　年　組

ウェブさいころ

⚀	あの人は
⚁	先生は
⚂	父は
⚃	あいつは
⚄	女の子は
⚅	□は

⚀	よろこんだ。
⚁	こうふんした。
⚂	目を丸くした。
⚃	え顔になった。
⚄	びっくりした。
⚅	おちついた。

⚀	なぜなら、せいこうしたからだ。
⚁	なぜなら、友だちが来たからだ。
⚂	なぜなら、うまくいったからだ。
⚃	なぜなら、しけんにうかったからだ。
⚄	なぜなら、おもしろかったからだ。
⚅	なぜなら、□ができたからだ。

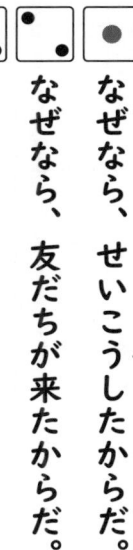

弟にはできることがある。たとえば、ピアノをひくことだ。

名前　　年　組

さいころを3回ふって文しょうを作りましょう。

ウェブさいころ

さいころ	
1	弟には
2	おばには
3	友には
4	母には
5	姉には
6	ぼくには

さいころ	
1	できることがある。
2	長しょがある。
3	とくいなことがある。
4	できないことがある。
5	楽しみなことがある。
6	しゅみがある。

さいころ	
1	たとえば、ピアノをひくことだ。
2	たとえば、絵をかくことだ。
3	たとえば、地図を読むことだ。
4	たとえば、天気を当てることだ。
5	たとえば、パイを作ることだ。
6	たとえば、はやく走ることだ。

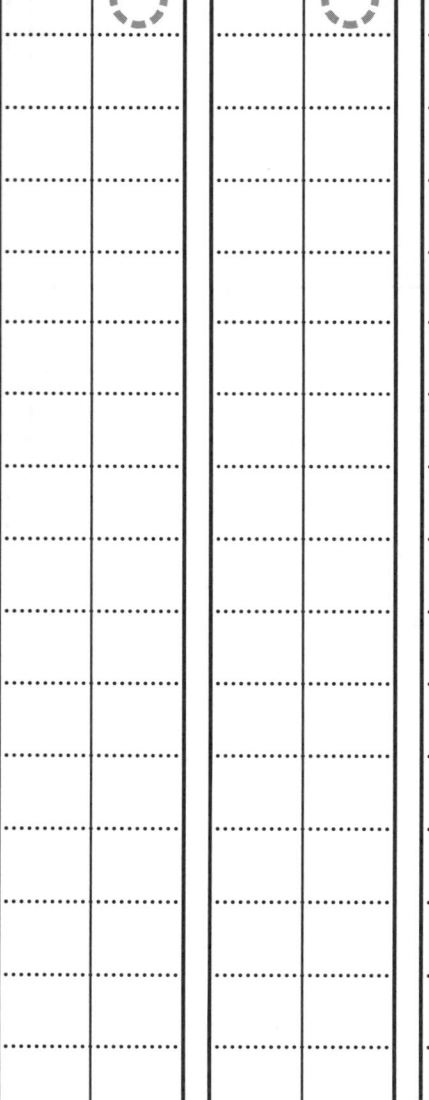

姉には自まんできることがある。たとえば、マジックだ。

さいころを3回ふって文しょうを作りましょう。
□に当たったらことばを考えましょう。

名前　　年　組

ウェブさいころ

さいころ	
1	姉には
2	妹には
3	父には
4	母には
5	友には
6	□には

さいころ	
1	自まんできることがある。
2	したいことがある。
3	ならいたいことがある。
4	教えてほしいことがある。
5	教えたいことがある。
6	教え合いたいことがある。

さいころ	
1	たとえば、マジックだ。
2	たとえば、ふくのデザインだ。
3	たとえば、タイピングだ。
4	たとえば、□だ。
5	たとえば、そろばんだ。
6	たとえば、スイミングだ。

文と文の接続（要約・言いかえ）①

このきつねは「ごんぎつね」です。つまり、本当はいいきつねです。

さいころを3回ふって文しょうを作りましょう。

名前　年　組

ウェブさいころ

⚀⚁⚂　このきつねは「ごんぎつね」です。
⚃⚄⚅　このきつねは「ごん」です。

⚀　つまり、
⚁⚂　すなわち、
⚃　ようするに、
⚄⚅　言いかえると、

⚀　本当はいいきつねです。
⚁　ぬすっとぎつねです。
⚂　いたずらずきのきつねです。
⚃　かわいそうなきつねです。
⚄　つぐないをするきつねです。
⚅　うたれるきつねです。

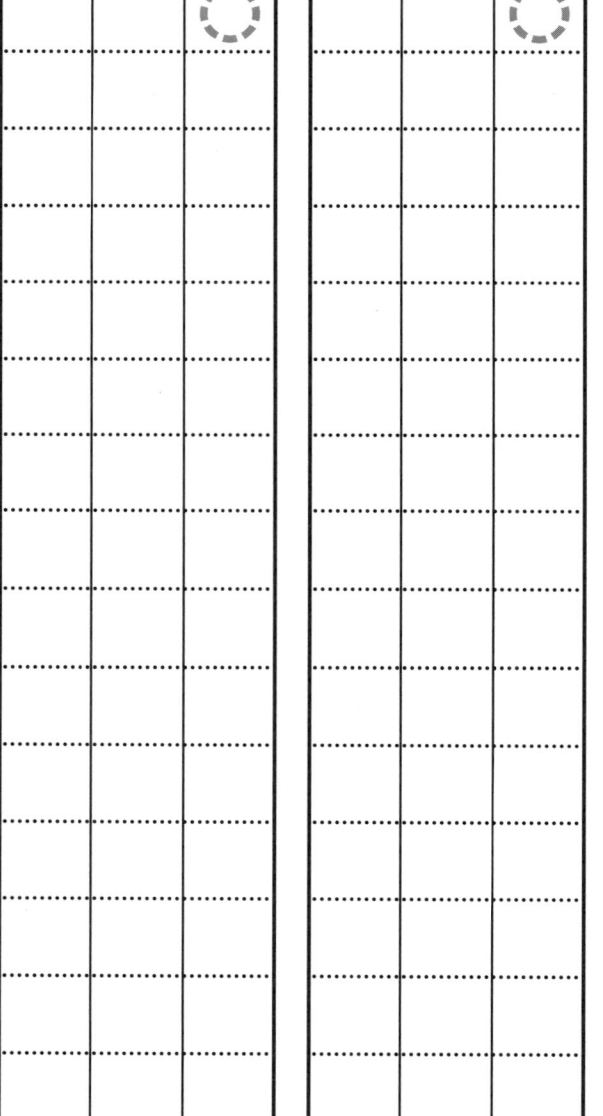

文と文の接続（要約・言いかえ）②

雨がザーザーふっています。つまり、せんたくものがほせません。

さいころを３回ふって文しょうを作りましょう。

□に当たったらことばを考えましょう。

ウェブさいころ

名前　　年　　組

さいころ	文
1	雨がザーザーふっています。
2	風がビュービューふいています。
3	かみなりがゴロゴロ鳴っています。
4	雪がドカドカふっています。
5	ひょうがパラパラふっています。
6	台風がじわじわ近づいています。

さいころ	つなぎことば
1・2	つまり、
3・4	ようするに、
5	すなわち、
6	言いかえると、

さいころ	文
1	せんたくものがほせません。
2	天気がわるいです。
3	外であそべません。
4	プールは中止です。
5	遠足はえんきです。
6	□。

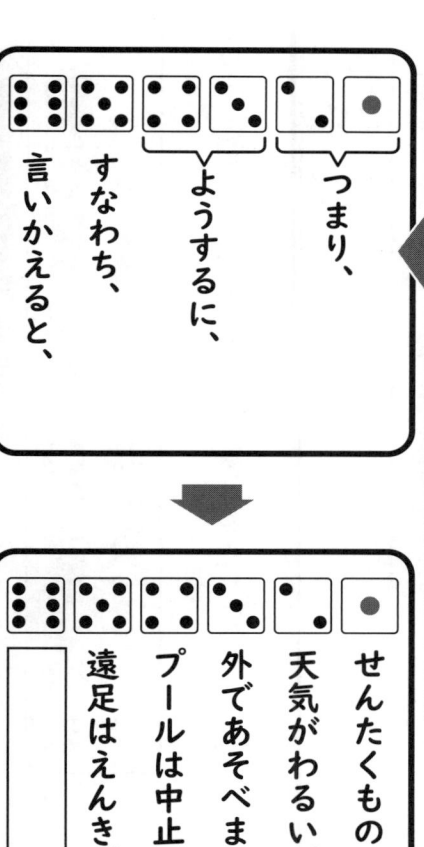

文と文の接続（並列）①

わたしはサッカーの天才です。また、バスケットボールも天才です。

名前

年　組

ウェブさいころ

さいころを3回ふって文しょうを作りましょう。

1. わたしはサッカーの天才です。
2. 妹は絵が上手です。
3. 弟は虫とりがうまいです。
4. 姉は字がきれいです。
5. 兄は走るのがはやいです。
6. 父はつりがとくいです。

1. また、
2. および、
3. ならびに、
4. かつ、
5. しかも、
6. それから、

1. バスケットボールも天才です。
2. けん玉も上手です。
3. りょう理もうまいです。
4. 歌声もきれいです。
5. 計算もはやいです。
6. しゃしんをとることもとくいです。

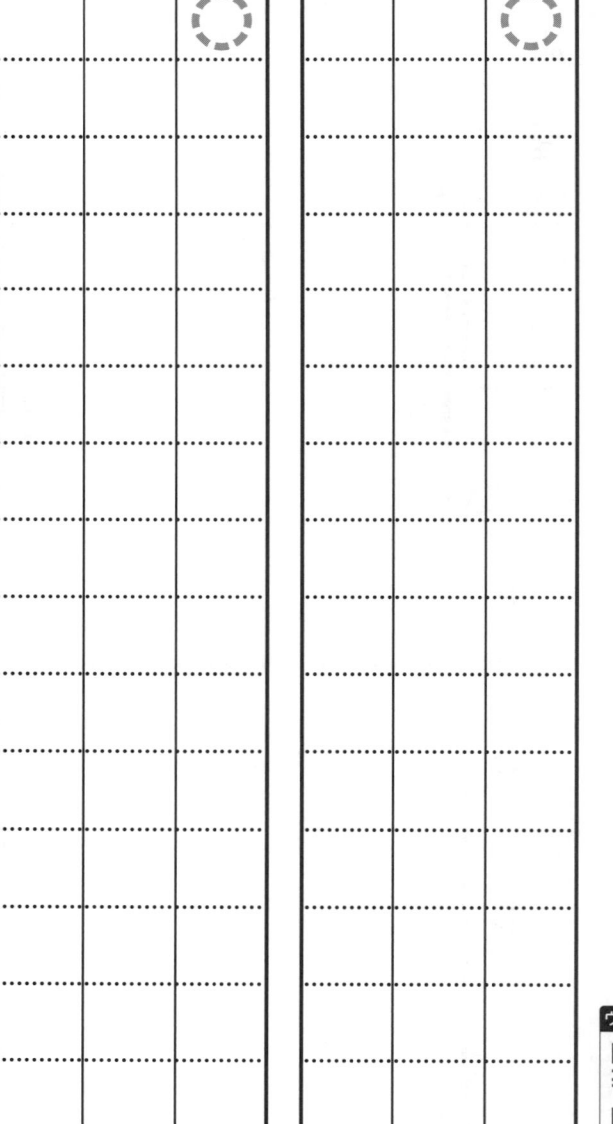

このマンガはおもしろいです。また、とてもドキドキします。

名前　　年　　組

さいころを３回ふって文しょうを作りましょう。□に当たったらことばを考えましょう。

ウェブさいころ

⚀ このマンガはおもしろいです。
⚁ そのお話はわらえます。
⚂ あの絵はふしぎです。
⚃ このゲームはねっ中します。
⚄ そのあそびは楽しいです。
⚅ □。

⚀ また、
⚁ および、
⚂ ならびに、
⚃ かつ、
⚄ しかも、
⚅ それから、

⚀ とてもドキドキします。
⚁ きわめてかんどうてきです。
⚂ すごくわくわくします。
⚃ べん強になります。
⚄ めちゃくちゃびっくりします。
⚅ □。

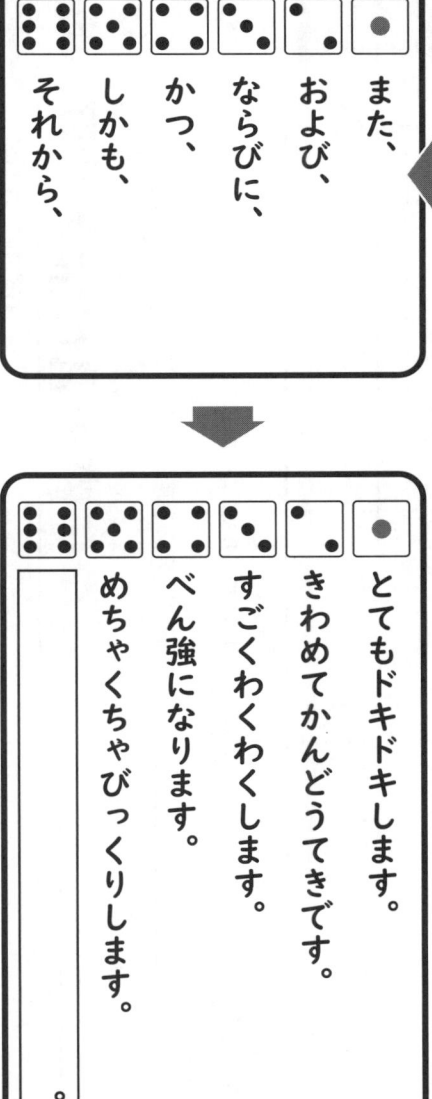

ぼくはかん字をべん強した。さらに、読書もした。

さいころを4回ふって文しょうを作りましょう。

名前　　年　　組

ウェブさいころ

1. ぼくは
2. わたしは
3. おじさんは
4. 小学生は
5. ヒーローは
6. げい人は

1. かん字をべん強した。
2. テレビを見た。
3. ゲームをした。
4. まんざいをした。
5. 歌を歌った。
6. 友だちをわらわせた。

1. さらに、
2. そして、
3. そのうえ、
4. しかも、
5. また、
6. それから、

1. 読書もした。
2. 計算もした。
3. 楽きえんそうもした。
4. へん顔もした。
5. あくびもした。
6. りょう理もした。

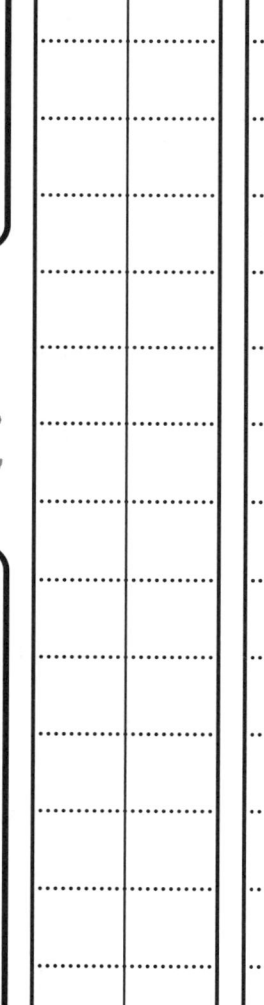

一年生は歩いた。さらに、スキップもした。

さいころを4回ふって文しょうを作りましょう。
□に当たったらことばを考えましょう。

名前

年　組

ウェブさいころ

1. 一年生は
2. 二年生は
3. 三年生は
4. 四年生は
5. 五・六年生は
6. 先生は

1. 歩いた。
2. 走った。
3. とんだ。
4. ころんだ
5. 回った。
6. □。

1. さらに、
2. そして、
3. その上、
4. しかも、
5. また、
6. それから、

1. スキップもした。
2. ヘッドスライディングもした。
3. 自てん車にものった。
4. ないた。
5. シュートもした。
6. □もした。

えい画を見に来た。なお、入場りょうは千円だ。

さいころを3回ふって文しょうを作りましょう。

名前

年　組

ウェブさいころ

⚀ えい画を見に来た。
⚁ ゆう園地にあそびに来た。
⚂ どうぶつ園に来た。
⚃ プールに来た。
⚄ おんせんに来た。
⚅ トイレに来た。

⚀⚁⚂ なお、
⚃⚄⚅ ただし、

⚀ 入場りょうは千円だ。
⚁ 大人はむりょうだ。
⚂ 子どもはゆうりょうだ。
⚃ くじで外れると入れない。
⚄ だれもいない。
⚅ 今日《きょう》は休みだ。

算数のじゅぎょうをうけた。なお、やる気はない。

さいころを3回ふって文しょうを作りましょう。
［　］に当たったらことばを考えましょう。

名前

年　組

ウェブさいころ

さいころ	
1	算数のじゅぎょうをうけた。
2	国語のじゅぎょうをうけた。
3	理科のじゅぎょうをうけた。
4	社会のじゅぎょうをうけた。
5	体いくのじゅぎょうをうけた。
6	図工のじゅぎょうをうけた。

さいころ	
1・2・3	なお、
4・5・6	ただし、

さいころ	
1	やる気はない。
2	おもしろくはない。
3	じつにたいくつだ。
4	理かいはできない。
5	気分がわるい。
6	［　　　　］。

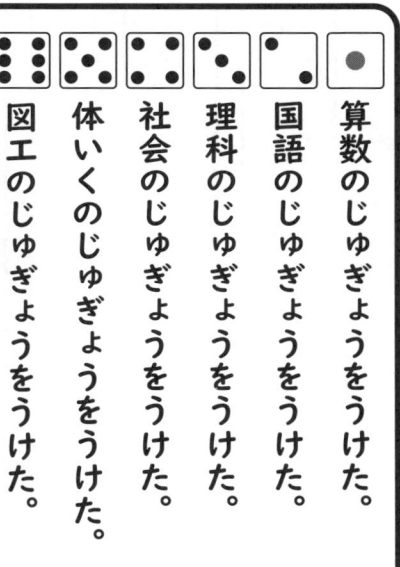

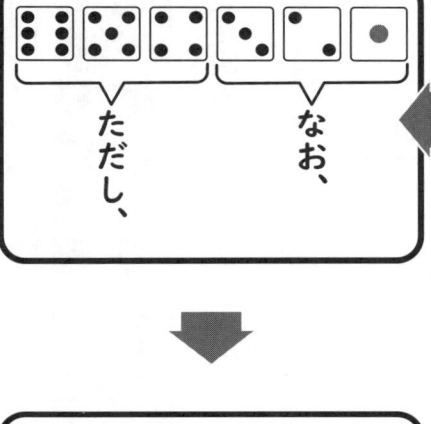

文と文の接続（選択）①

そのくすりはあまいですか。それとも、にがいですか。

さいころを4回ふって文しょうを作りましょう。

名前

年　組

ウェブさいころ

さいころ	
⚀	そのくすりは
⚁	その白いものは
⚂	その食べものは
⚃	そのあめは
⚄	そのおかしは
⚅	そののみものは

さいころ	
⚀⚁	あまいですか。
⚂⚃	すっぱいですか。
⚄⚅	しょっぱいですか。

さいころ	
⚀⚁	それとも、
⚂⚃	あるいは、
⚄	または、
⚅	もしくは、

さいころ	
⚀⚁	にがいですか。
⚂⚃	しぶいですか。
⚄⚅	からいですか。

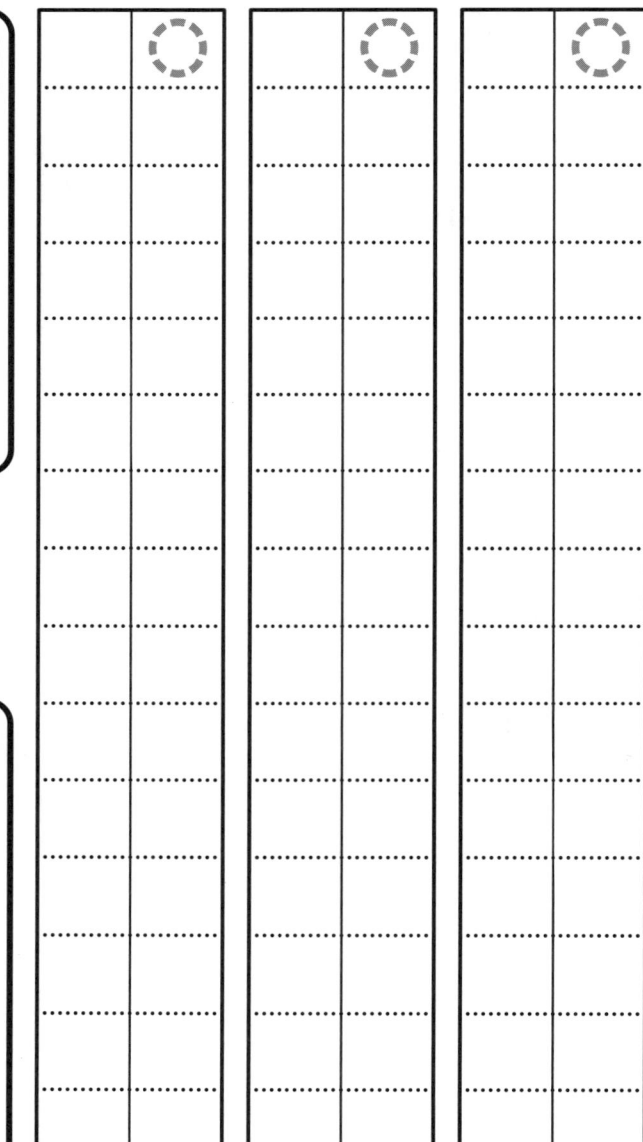

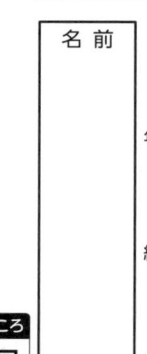

おまわりさんとおどりますか。それとも、歌いますか。

名前	年	組

さいころを4回ふって文しょうを作りましょう。

□に当たったらことばを考えましょう。

ウェブさいころ

さいころ	1
⚀	おまわりさんと
⚁	先生と
⚂	あの子と
⚃	ぼくと
⚄	王さまと
⚅	□と

さいころ	2
⚀	おどりますか。
⚁	虫とりをしますか。
⚂	買いものをしますか。
⚃	ピクニックをしますか。
⚄	べん強をしますか。
⚅	じゃんけんをしますか。

さいころ	3
⚀ ⚁	それとも、
⚂ ⚃	あるいは、
⚄	または、
⚅	もしくは、

さいころ	4
⚀	歌いますか。
⚁	かけっこをしますか。
⚂	さか立ちをしますか。
⚃	ババぬきをしますか。
⚄	おしゃべりをしますか。
⚅	□ますか。

問いと答え①

夏休みには何がしたいか。一どは海でおよぎたい。

名前　　年　　組

さいころを3回ふって文しょうを作りましょう。

ウェブさいころ

- ⚀⚁ 夏休みには何がしたいか。
- ⚂⚃ 冬休みには何がしたいか。
- ⚄⚅ 大人《おとな》になったら何がしたいか。

- ⚀⚁ 一どは
- ⚂⚃ たまには
- ⚄⚅ 毎日

- ⚀ 海でおよぎたい。
- ⚁ トランプがしたい。
- ⚂ かけっこがしたい。
- ⚃ ふじ山にのぼりたい。
- ⚄ うちゅうに行きたい。
- ⚅ アイスを食べたい。

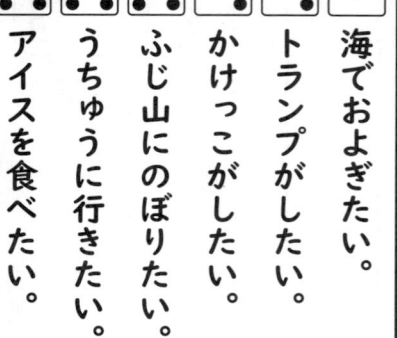

問いと答え②

一番強いどうぶつは何か。たぶんライオンだろう。

さいころを3回ふって文しょうを作りましょう。□に当たったらことばを考えましょう。

名前　　年　組

ウェブさいころ

- ⚀⚁ 一番強いどうぶつは何か。
- ⚂⚃ 一番かわいいどうぶつは何か。
- ⚄⚅ 一番かいやすいどうぶつは何か。

- ⚀⚁ たぶん
- ⚂⚃ おそらく
- ⚄⚅ きっと

- ⚀ ライオンだろう。
- ⚁ パンダだろう。
- ⚂ ゴリラだろう。
- ⚃ シマエナガだろう。
- ⚄ アフリカゾウだろう。
- ⚅ □だろう。

【使い方】

❶都道府県の中から自分の都道府県を3つ選ぶ。
対戦相手と交互にかぶらないように自分の都道府県を選んでいく。
相手が選んだ都道府県しか残っていない状態になったらかぶってもよいことにする。
3つ選んだら□に1～3点を書きこむ。（1点1つ・2点1つ・3点1つ）
❷すごろくの用紙を3人（2人）で1枚使う場合は、図の②、③に参加者の名前を書いて、その横に点数を配置する。1人1枚の用紙で行う場合は全員が①だけを使う。
❸さいころをふり、目の数だけ進む。
❹とまったところが自分の選んだ都道府県の時には自分が書き込んだ点数だけ得点になる。
❺他の人の選んだ都道府県にとまった時は0点。
❻誰も選んでいない都道府県にとまったら1点になる。
❼得点は自分の得点らんのうすい「正」をなぞる。（足りなくなったら下のスペースに書き足す。）
❽制限時間まで続けて得点の多い方の勝ち。（制限時間は決めてください。）
❾ルールは適宜、工夫してください。

「エンドレスすごろく」をお求めの方はQRコードよりご入手できます。
「教材工房」タブより

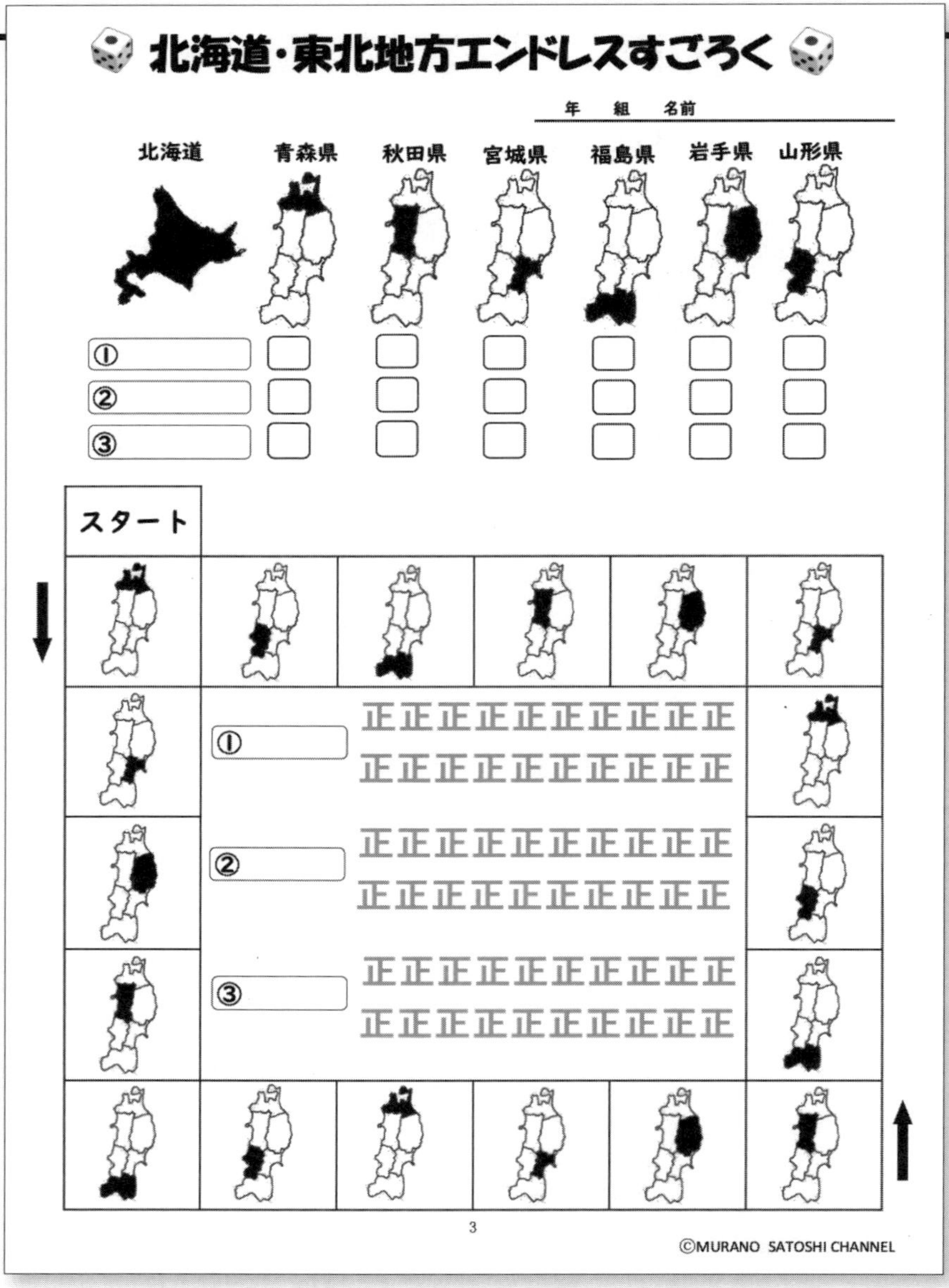
北海道・東北地方エンドレスすごろく
年　組　名前
北海道
青森県
秋田県
宮城県
福島県
岩手県
山形県
①
②
③
スタート
正正正正正正正正正正
3
©MURANO SATOSHI CHANNEL

村野式熱中ゲーム

さいころ作文96

高学年 編

報道①

つい先ほど、国会でAIが初めて国家予算について答べんした。

さいころを4回ふって文を作りましょう。

名前

年　組

ウェブさいころ

いつ

さいころ	いつ
1	つい先ほど、
2	お正月に、
3	朝方、
4	昨日《きのう》未明、
5	一億年前、
6	クリスマスに、

どこで

さいころ	どこで
1	国会で
2	富士山で
3	水辺で
4	草原で
5	南の島で
6	学校で

だれが・何が

さいころ	だれが・何が
1	AIが初めて
2	ようち園児が初めて
3	天使が初めて
4	ライオンが初めて
5	きょうりゅうが初めて
6	サンタクロースが初めて

どうした。

さいころ	どうした。
1	国家予算について答べんした。
2	おにごっこをした。
3	笑顔をふりまいた。
4	ダンスをおどった。
5	火をふいた。
6	幸せを運んだ。

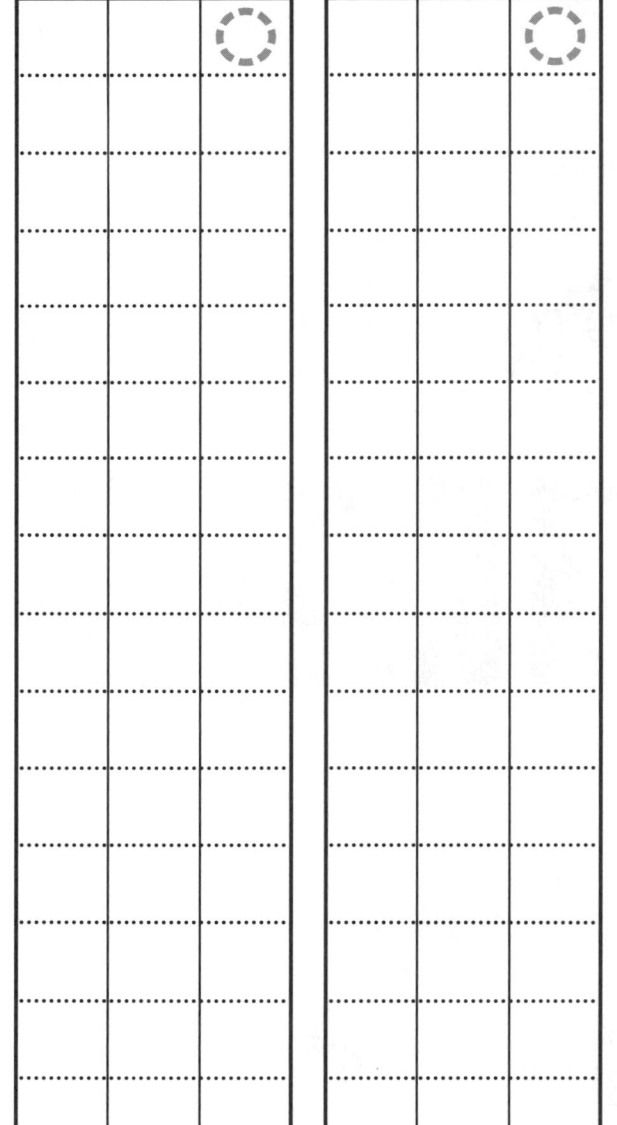

報道②

元たんに、日本ぶ道館でオリンピック選手が初めてライブコンサートをした。

さいころを４回ふってニュース記事を作りましょう。

□に当たったら言葉を考えましょう。

名前

年　組

ウェブさいころ

いつ

元たんに、

昼すぎに、

たん生日に、

夏休みに、

おととい、

□、

どこで

日本ぶ道館で

どうくつで

レストランで

公園で

新かん線の中で

□

だれが・何が

オリンピック選手が初めて

消ぼうしが初めて

友達が初めて

犬が初めて

医者が初めて

□

どうした。

ライブコンサートをした。

消火活動をした。

パーティをした。

百メートル走をした。

手じゅつをした。

□。

定義①

読書とは、人生をゆたかにするものである。

名前　　年　　組

さいころを2回ふって文を作りましょう。

ウェブさいころ

1. 読書とは、
2. 友達とは、
3. お金とは、
4. 運動とは、
5. 食事とは、
6. すいみんとは、

1. 人生をゆたかにするものである。
2. 大切なものである。
3. ないとこまるものである。
4. 元気になるものである。
5. 幸せになるものである。
6. 健康になるものである。

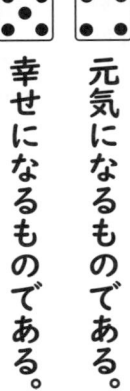

定義②

入学とは、未来への第一歩である。

さいころを2回ふって文を作りましょう。
□に当たったら言葉を考えましょう。

名前　　年　　組

ウェブさいころ

さいころ	
⚀	入学とは、
⚁	ちょう戦とは、
⚂	初こいとは、
⚃	テストとは、
⚄	卒業とは、
⚅	□、

↓

さいころ	
⚀	未来への第一歩である。
⚁	成長できるものである。
⚂	ドキドキするものである。
⚃	力をためすものである。
⚄	スリル満点である。
⚅	□。

重文①

犬はよろこび、ねこはとびはねた。

さいころを2回ふって文を作りましょう。

名前

年　組

⚀	犬はよろこび、
⚁	かれは落ちこみ、
⚂	ぼくはおどろき、
⚃	友達はたおれ、
⚄	母はふき出し、
⚅	妹は去り、

⚀	ねこはとびはねた。
⚁	兄は笑った。
⚂	わたしはあわてた。
⚃	先生はくやしがった。
⚄	父はすべった。
⚅	かの女はたえた。

ウェブさいころ

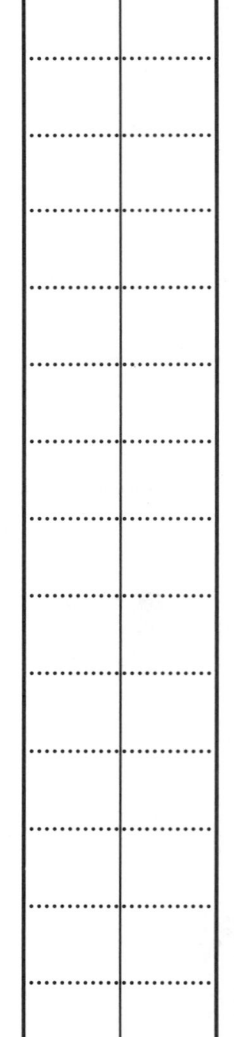

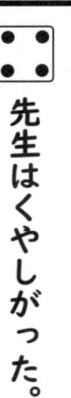

重文②

雨はふきあれ、空は暗くなる。

さいころを２回ふって文を作りましょう。

□に当たったら言葉を考えましょう。

⚀	⚁	⚂	⚃	⚄	⚅
雨はふきあれ、	風はとどろき、	大地はゆれ、	木はかたむき、	地面はわれ、	、

⚀	⚁	⚂	⚃	⚄	⚅
空は暗くなる。	電柱はたおれる。	人は飛ばされる。	ねこはふるえる。	海は大あれだ。	。

名前

年　組

ウェブさいころ

複文①

弟が見ていたテレビがゆれた。

名前　年　組

さいころを2回ふって文を作りましょう。

ウェブさいころ

⚀	弟が見ていたテレビが
⚁	ぼくが食べたいおかしが
⚂	犬が見ていたえさが
⚃	わたしがしまった本が
⚄	先生が用意したし料が
⚅	ゾンビが歩いた場所が

↓

⚀	ゆれた。
⚁	なくなった。
⚂	見えなくなった。
⚃	大きくなった。
⚄	変色した。
⚅	きれいになった。

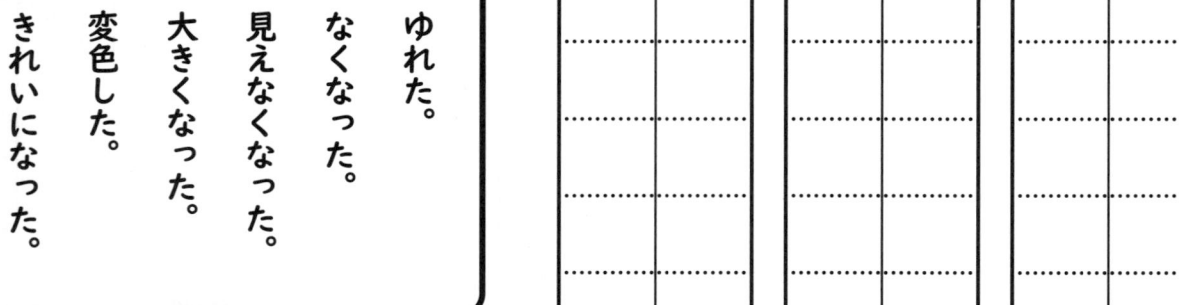

複文②

兄が育てたかえるが見つかった。

さいころを2回ふって文を作りましょう。
□に当たったら言葉を考えましょう。

名前
年　組

ウェブさいころ

さいころ	
1	兄が育てたかえるが
2	ぼくが食べたいお肉が
3	おじさんがすてたゴミが
4	父が拾った大根が
5	ママが残したジュースが
6	□

さいころ	
1	見つかった。
2	くさった。
3	うばわれた。
4	売っていた。
5	おいしかった。
6	□。

伝聞①

友達のおじさんはプロレスラーだそうだ。

さいころを２回ふって文を作りましょう。

名前

年　組

ウェブさいころ

⚀	友達のおじさんは
⚁	となりのおばさんは
⚂	孫は
⚃	先生は
⚄	校長先生は
⚅	町会長さんは

⚀	プロレスラーだそうだ。
⚁	お笑い芸人だそうだ。
⚂	うちゅう人だそうだ。
⚃	そう理大臣だそうだ。
⚄	アイドルだそうだ。
⚅	ふく面調さ員だそうだ。

おばあちゃんは元気だそうだ。

名前

年　組

さいころを2回ふって文を作りましょう。

□に当たったら言葉を考えましょう。

ウェブさいころ

さいころ	
1	おばあちゃんは
2	妹は
3	うちの犬は
4	となりのねこは
5	動物園のゴリラは
6	□は

さいころ	
1	元気だそうだ。
2	礼ぎ正しいそうだ。
3	不良だそうだ。
4	上品だそうだ。
5	体調不良だそうだ。
6	□だそうだ。

推量①

わたしは空を飛ぶだろう。

さいころを3回ふって文を作りましょう。

さいころ			
1	わたしは	空を飛ぶ	だろう。
2	弟は	草原をかけ回る	だろう。
3	うちゅう人は	海にもぐる	だろう。
4	雪男は	ちょう戦する	らしい。
5	海ぞくは	階だんで転ぶ	らしい。
6	ヒーローは	助けを求める	らしい。

名前　　年　　組

ウェブさいころ

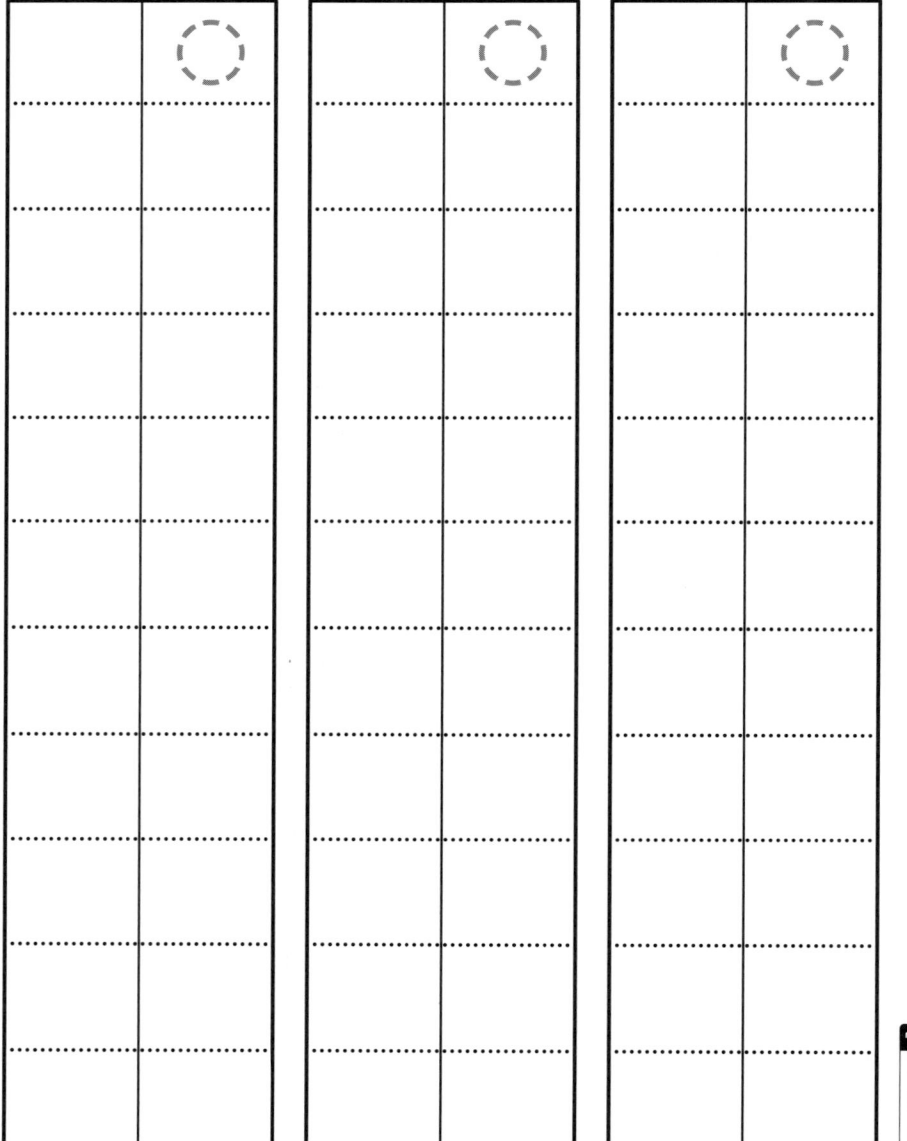

わたしたちはうちゅうに旅立つらしい。

名前

年　組

さいころを3回ふって文を作りましょう。

□に当たったら言葉を考えましょう。

ウェブさいころ

⚀	わたしたちは
⚁	君たちは
⚂	科学者は
⚃	ロボットは
⚄	さるは
⚅	□は

↓

⚀	うちゅうに旅立つ
⚁	世界をせいはする
⚂	大金を手にする
⚃	大ぼうけんをする
⚄	生き残る
⚅	□

↓

⚀⚁⚂	らしい。
⚃⚄⚅	だろう。

記録文①

一月一日、小さなおかしをあげた。いつかまたやりたい。

さいころを3回ふって文章を作りましょう。

名前

年　組

ウェブさいころ

日付

さいころ	
1	一月一日、
2	二月二日、
3	六月二十八日、
4	八月九日、
5	十月二十九日、
6	十二月三十日、

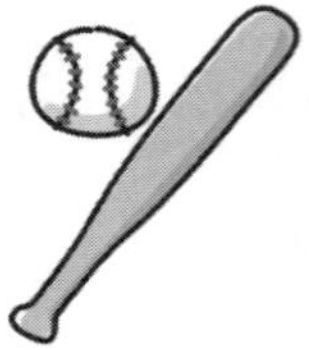

事実（記録）

さいころ	
1	小さなおかしをあげた。
2	ひろしくんと野球の話をした。
3	先生がテストをした。
4	帰り道、千円札をすてた。
5	初めてヘリコプターに乗った。
6	休み時間にすな場で遊んだ。

感想・意見

さいころ	
1	いつかまたやりたい。
2	楽しくて幸せだった。
3	気持ちがよくなった。
4	運が悪かった。
5	やめておくべきだった。
6	ひさびさに大泣きした。

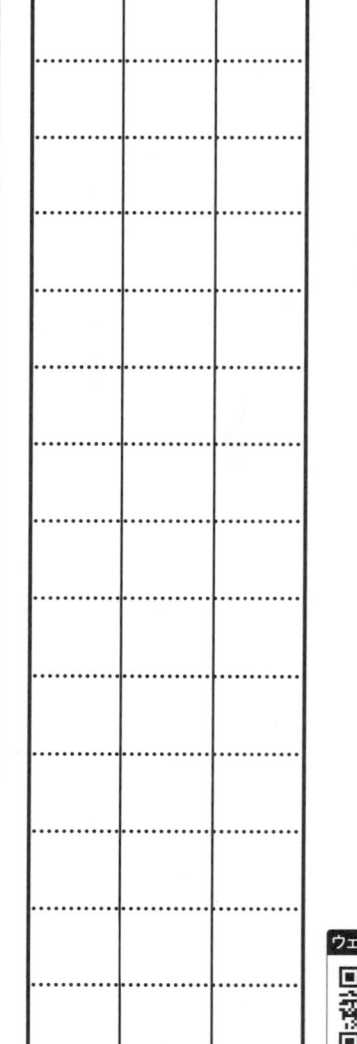

二月十四日、初めて男子にチョコをあげた。おそろしかった。

さいころを3回ふって文章を作りましょう。
□に当たったら言葉を考えましょう。

名前　　年　　組

ウェブさいころ

日付

さいころ	日付
1	二月十四日、
2	三月三日、
3	七月十七日、
4	九月十二日、
5	十一月二十一日、
6	□、

事実（記録）

さいころ	事実（記録）
1	初めて男子にチョコをあげた。
2	たろう君とデートをした。
3	先生が急に笑いだした。
4	道で手紙を拾った。
5	いきなり犬にかまれた。
6	□。

感想・意見

さいころ	感想・意見
1	おそろしかった。
2	心ぞうが止まりそうだった。
3	やめるべきだった。
4	うれしかった。
5	がっかりしてなみだが出た。
6	□。

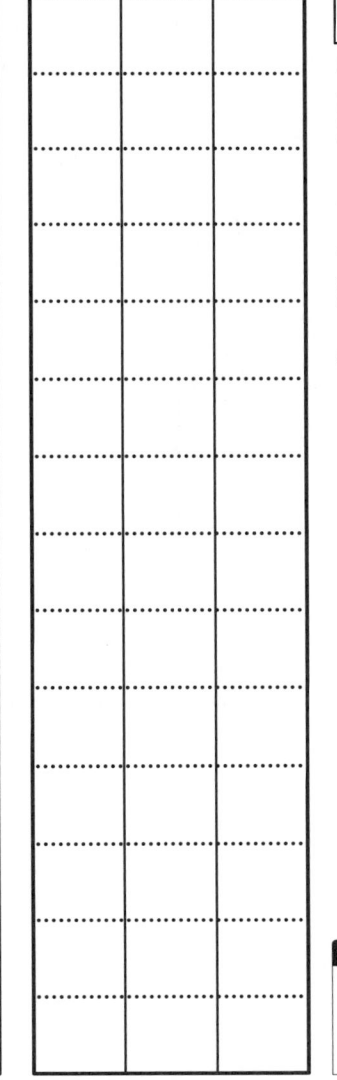

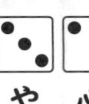

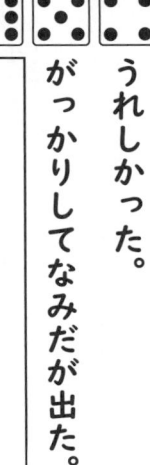

けがをした。なぜなら、あばれたからだ。

さいころを2回ふって文章を作りましょう。

名前

年　組

ウェブさいころ

結果

⚀	けがをした。
⚁	あの子にきらわれた。
⚂	すっかりつかれた。
⚃	先生におこられた。
⚄	ねむくなった。
⚅	一歩も歩けなくなった。

原因

⚀	なぜなら、あばれたからだ。
⚁	なぜなら、あきらめたからだ。
⚂	なぜなら、無理なことをしたからだ。
⚃	なぜなら、力をぬいていたからだ。
⚄	なぜなら、やる気が出なかったからだ。
⚅	なぜなら、病気にかかったからだ。

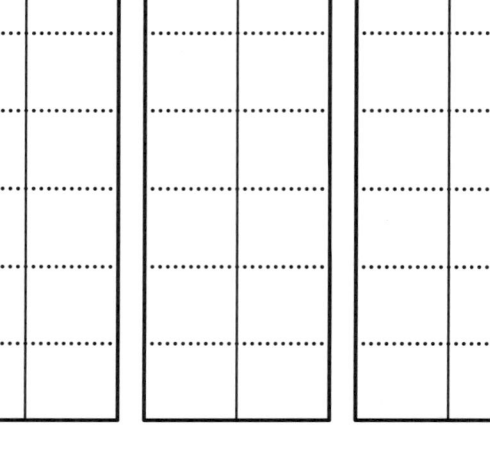

ガッツポーズをした。なぜなら、大成功だったからだ。

さいころを2回ふって文章を作りましょう。

□に当たったら言葉を考えましょう。

名前　　年　　組

ウェブさいころ

さいころ	結果	原因
1	ガッツポーズをした。	なぜなら、大成功だったからだ。
2	ゲラゲラ笑った。	なぜなら、意外だったからだ。
3	両手を上につき上げた。	なぜなら、結果を初めて知ったからだ。
4	目をとじた。	なぜなら、幸せだったからだ。
5	おどろいた。	なぜなら、ボーッとしたからだ。
6	□。	なぜなら、□。

まどから風がふきこんでいる。ということは、気持ち良い気候なのだろう。

名前　　年　組

さいころを2回ふって文章を作りましょう。

ウェブさいころ

事実

さいころ	事実
1	まどから風がふきこんでいる。
2	公園の池にカモが泳いでいる。
3	外は雲一つない青空が広がっている。
4	花が風にゆれている。
5	木の下でお母さんたちが話をしている。
6	家族連れが多くいる。

意見

さいころ	意見
1	ということは、気持ち良い気候なのだろう。
2	ということは、今日はすばらしい天気なのだろう。
3	ということは、楽しい時間をすごしている人が多いだろう。
4	ということは、みんなのんびりとすごしているだろう。
5	ということは、なごやかなふんい気がただよっているだろう。
6	ということは、公園では子どもが走り回っているだろう。

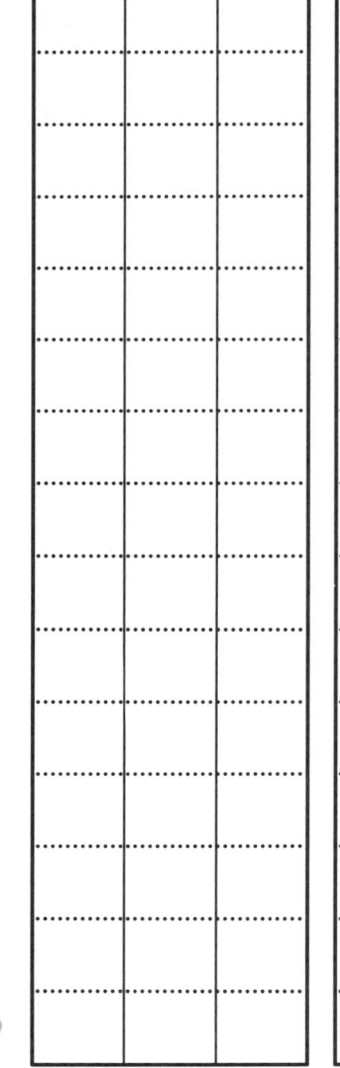

女の子の目は真っ赤だ。ということは、うれしい気持ちになったのだろう。

名前　　　年　　組

さいころを2回ふって文章を作りましょう。
□に当たったら言葉を考えましょう。

ウェブさいころ

事実

さいころ	事実
1	女の子の目は真っ赤だ。
2	男の子が大声でさけんでいる。
3	大ぜいの人が大声を出した。
4	お母さんが顔を手でおおった。
5	お父さんの顔色が変わった。
6	先生がつくえをたたいた。

意見

さいころ	意見
1	ということは、うれしい気持ちになったのだろう。
2	ということは、ショックを受けたのだろう。
3	ということは、お笑いを見て笑いすぎたのだろう。
4	ということは、好きな有名人があらわれたのだろう。
5	ということは、いかりをおさえきれないのだろう。
6	ということは、□だろう。

引用と解釈①

教科書には「どきどきした」と書いてある。ということは、きんちょうする場面に直面したのだろう。

さいころを2回ふって文章を作りましょう。

名前　　年　　組

ウェブさいころ

引用

⚀	教科書には「どきどきした」と書いてある。
⚁	教科書には「気になった」と書いてある。
⚂	教科書には「むねが高鳴った」と書いてある。
⚃	教科書には「息をのんだ」と書いてある。
⚄	教科書には「心がざわついた」と書いてある。
⚅	教科書には「不安がよぎった」と書いてある。

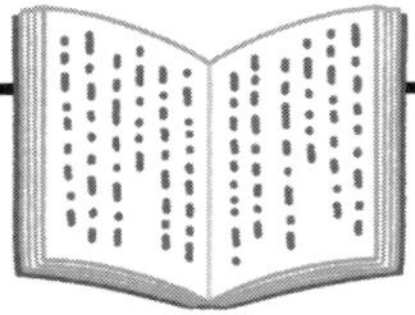

解釈

⚀	ということは、きんちょうする場面に直面したのだろう。
⚁	ということは、思いがけない事けんが起きたのだろう。
⚂	ということは、未来に期待をもっているのだろう。
⚃	ということは、か去のことを思い出したのだろう。
⚄	ということは、何か心配事があるのだろう。
⚅	ということは、重大な発表をひかえているのだろう。

引用と解釈②

教科書には「せを向けた」と書いてある。ということは、つらい思い出があったのだろう。

さいころを2回ふって文章を作りましょう。□に当たったら言葉を考えましょう。

名前

年　組

ウェブさいころ

引用

⚀	教科書には「せを向けた」と書いてある。
⚁	教科書には「目をそらした」と書いてある。
⚂	教科書には「口を閉ざした」と書いてある。
⚃	教科書には「息をひそめた」と書いてある。
⚄	教科書には「まゆをしかめた」と書いてある。
⚅	教科書には「すわりこんだ」と書いてある。

解釈

⚀	ということは、つらい思い出があったのだろう。
⚁	ということは、真実を見たくないのだろう。
⚂	ということは、他人のし線を気にしているのだろう。
⚃	ということは、自分の気持ちを整理しているのだろう。
⚄	ということは、意見を言う勇気が出なかったのだろう。
⚅	ということは、□。

すっきりと目がさめた。さて、急いでご飯を作ろう。

名前

年　組

さいころを3回ふって文章を作りましょう。

ウェブさいころ

さいころ	1回目
⚀ ⚁	すっきりと目がさめた。
⚂ ⚃	やっと雨が上がった。
⚄ ⚅	すっかり日がくれた。

さいころ	2回目
⚀ ⚁	さて、
⚂ ⚃	それでは、
⚄ ⚅	じゃあ、

さいころ	3回目
⚀	急いでご飯を作ろう。
⚁	出かける用意をしよう。
⚂	友達と公園で遊ぼう。
⚃	早くおふろに入ろう。
⚄	明日の用意をしよう。
⚅	今から何をしようかな。

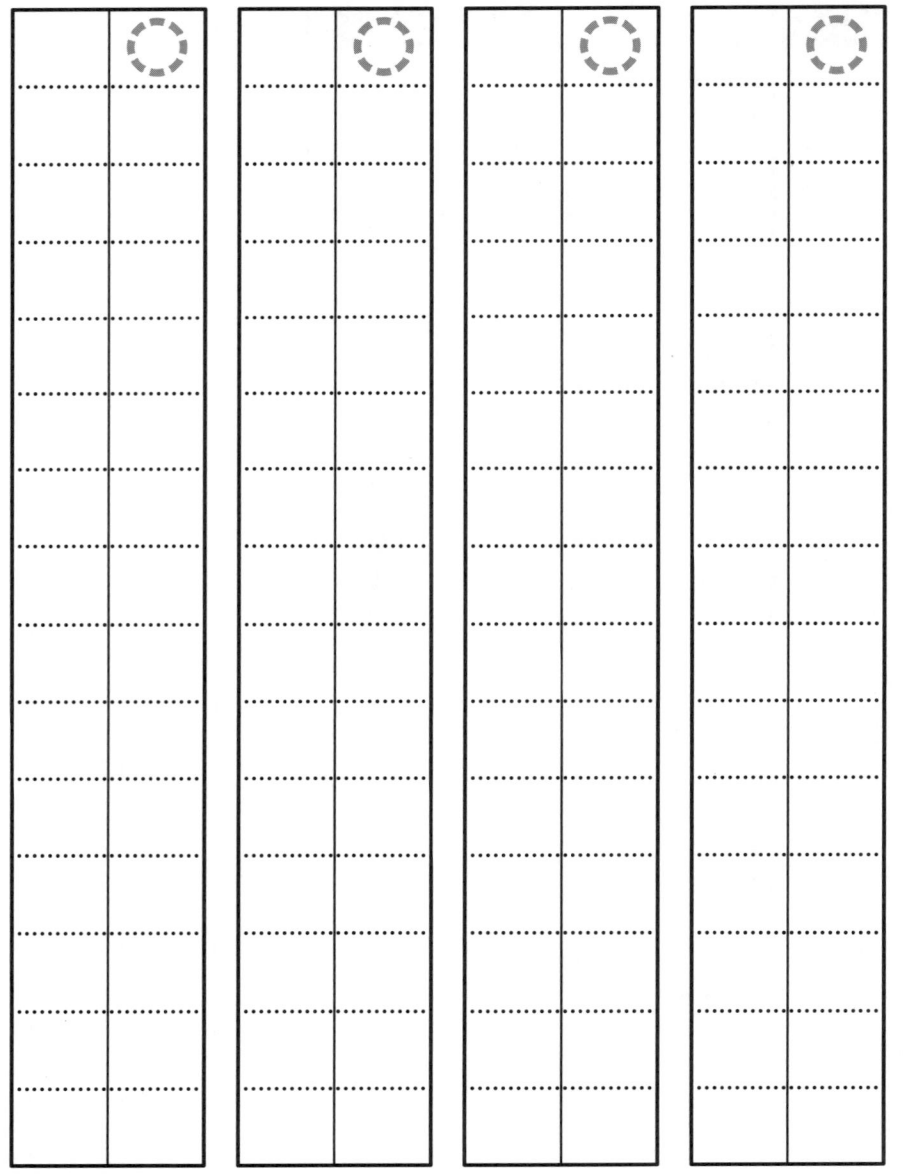

来週は発表会だ。そういえば、天気はだいじょうぶだろうか。

名前

年　組

さいころを3回ふって文章を作りましょう。

□に当たったら言葉を考えましょう。

ウェブさいころ

- 1・2：来週は発表会だ。
- 3・4：そろそろ出番だ。
- 5・6：いよいよ決勝戦だ。

↓

- 1・2：そういえば、
- 3・4：ところで、
- 5・6：ともあれ、

↓

- 1：天気はだいじょうぶだろうか。
- 2：あの飛んでいる虫は何だろう。
- 3：面白い形の雲だなあ。
- 4：おなかがすいたなあ。
- 5：ライバルは勝ち進んだだろうか。
- 6：□。

主張と事例①

わたしは日ごろから運動をするべきだと考える。例えば、毎朝散歩をするということだ。

さいころを2回ふって文章を作りましょう。

名前

年　組

ウェブさいころ

⚀⚁⚂

わたしは日ごろから運動をするべきだと考える。

⚃⚄⚅

わたしは日ごろからふく習をするべきだと考える。

（運動をするべきだと考える→）

⚀ 例えば、毎朝散歩をするということだ。

⚁ 例えば、ねる前にストレッチをするということだ。

⚂ 例えば、休み時間に外で遊ぶということだ。

⚃ 例えば、スポーツを習うということだ。

⚄ 例えば、毎日ランニングをするということだ。

⚅ 例えば、階段で上の階に行くということだ。

（ふく習をするべきだと考える→）

⚀ 例えば、教科書やノートを読むということだ。

⚁ 例えば、たくさん問題をとくということだ。

⚂ 例えば、まちがいを直すということだ。

⚃ 例えば、くり返し練習をするということだ。

⚄ 例えば、大事なところに印を付けるということだ。

⚅ 例えば、先生にしつ問をしに行くということだ。

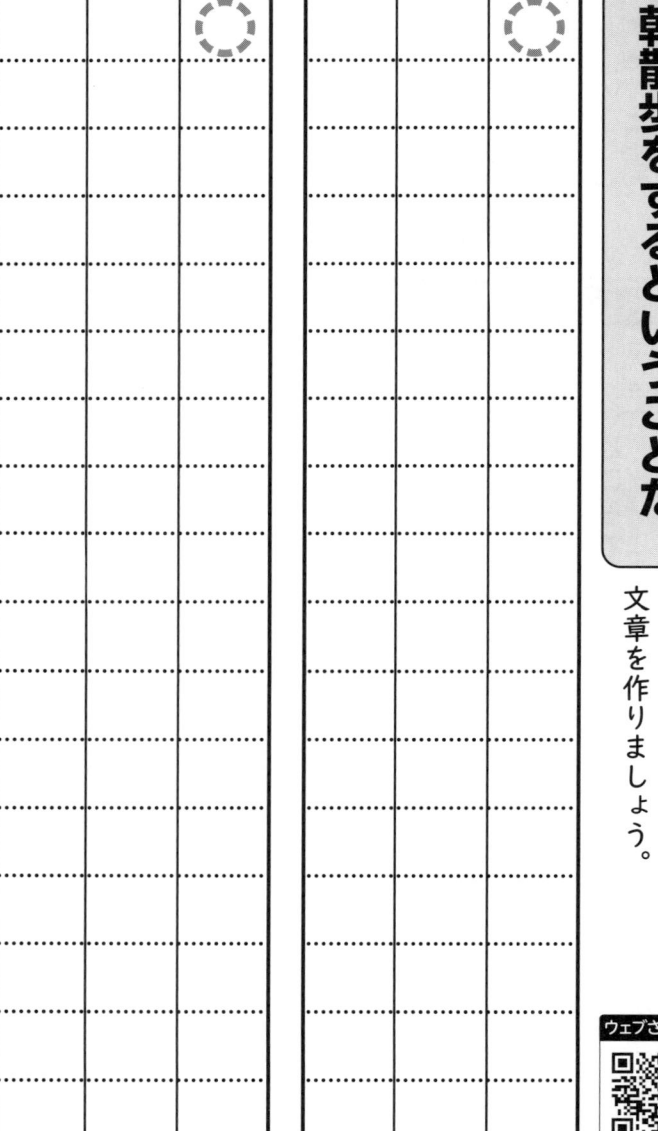

主張と事例②

名前　　　　年　　組

わたしは国語の勉強時間を多くするべきだと考える。例えば、音読をできるようにするための時間だ。

さいころを2回ふって文章を作りましょう。□に当たったら言葉を考えましょう。

ウェブさいころ

さいころ	
1・2・3	わたしは国語の勉強時間を多くするべきだと考える。
4・5・6	わたしは算数の勉強時間を多くするべきだと考える。

国語

さいころ	
1	例えば、音読をできるようにするための時間だ。
2	例えば、いろいろな漢字を覚えるための時間だ。
3	例えば、友達と話し合いをするための時間だ。
4	例えば、正しい言葉づかいで話すための時間だ。
5	例えば、作文をできるようにするための時間だ。
6	例えば、□。

算数

さいころ	
1	例えば、はやく計算するための時間だ。
2	例えば、まちがえずに計算するための時間だ。
3	例えば、くふうして答えを求めるための時間だ。
4	例えば、きれいに作図するための時間だ。
5	例えば、買い物でわり引を計算するための時間だ。
6	例えば、□。

わたしは山に行きたい。なぜなら、空気がおいしいからだ。

名前

年　組

さいころを2回ふって文章を作りましょう。

ウェブさいころ

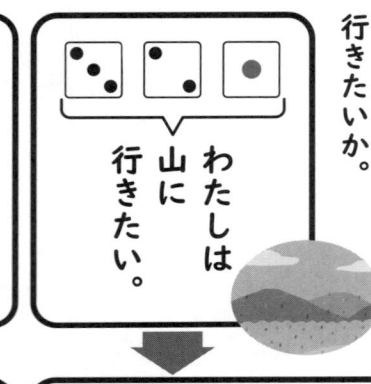

テーマ

山と海、どちらに行きたいか。

わたしは山に行きたい。

ぼくは海に行きたい。

なぜなら、空気がおいしいからだ。

なぜなら、テントでねることができるからだ。

なぜなら、虫とりができるからだ。

なぜなら、人がたくさんいないからだ。

なぜなら、高いところはすずしいからだ。

なぜなら、星がきれいに見えるからだ。

なぜなら、たくさん泳げるからだ。

なぜなら、波が気持ちいいからだ。

なぜなら、魚をつりたいからだ。

なぜなら、うき輪を使って泳ぎたいからだ。

なぜなら、夕日がきれいに見えるからだ。

なぜなら、日焼けをしたいからだ。

わたしは給食を食べたい。なぜなら、いろいろなおかずを食べられるからだ。

名前　　年　　組

さいころを2回ふって文章を作りましょう。
□に当たったら言葉を考えましょう。

ウェブさいころ

テーマ
給食とべん当、どちらを食べたいか。

⚀ ⚁ ⚂
わたしは給食を食べたい。

⚃ ⚄ ⚅
わたしはべん当を食べたい。

- ⚀ なぜなら、いろいろなおかずを食べられるからだ。
- ⚁ なぜなら、家にわすれることがないからだ。
- ⚂ なぜなら、メニューが変わってあきないからだ。
- ⚃ なぜなら、家で食べられないものがあるからだ。
- ⚄ なぜなら、お代わりができるからだ。
- ⚅ なぜなら、□からだ。

- ⚀ なぜなら、好きなものだけ入れてもらえるからだ。
- ⚁ なぜなら、家族が作ってくれるからだ。
- ⚂ なぜなら、量を調整できるからだ。
- ⚃ なぜなら、残してもはずかしくないからだ。
- ⚄ なぜなら、デザートを入れてもらえるからだ。
- ⚅ なぜなら、□からだ。

主張と根拠（お願い作文）①

お父さん、お願いです。ぼくはどうしても、うちゅう旅行に出かけたいのです。なぜなら、だれもがけい験できることではないからです。

さいころを４回ふって、お願いする文章を作りましょう。

ウェブさいころ

名前

年　組

- お父さん、お願いです。
- お母さん、お願いです。
- たんにんの先生、お願いです。

- ぼくは
- 私は
- われわれは

- どうしても、うちゅう旅行に出かけたいのです。
- どうしても、一か月の休みがほしいのです。
- どうしても、スイートルームにとまりたいのです。
- どうしても、たからくじを買ってほしいのです。
- どうしても、化石をほりに行きたいのです。
- どうしても、海外へ一人旅に行きたいのです。

- なぜなら、だれもがけい験できることではないからです。
- なぜなら、友達に自まんしたいからです。
- なぜなら、一生の思い出に残るからです。

山田先生、お願いです。ぼくはどうしても、明日はお休みにしてほしいのです。なぜなら、それでがんばれるからです。

さいころを4回ふって、お願いする文章を作りましょう。
□に当たったら言葉を考えましょう。

名前
年　組

ウェブさいころ

⚀ 山田先生、お願いです。
⚁ 山田先生、お願いです。
⚂ たろうさん、お願いです。
⚃ たろうさん、お願いです。
⚄ 大とうりょう、お願いです。
⚅ 大とうりょう、お願いです。

⚀ ぼくは
⚁ ぼくは
⚂ 私は
⚃ 私は
⚄ われわれは
⚅ われわれは

⚀ どうしても、明日はお休みにしてほしいのです。
⚁ どうしても、この箱を開けてほしいのです。
⚂ どうしても、タクシーをよんでほしいのです。
⚃ どうしても、時間わりを変えてほしいのです。
⚄ どうしても、この手紙を読んでほしいのです。
⚅ どうしても、□。

⚀ なぜなら、それでがんばれるからです。
⚁ なぜなら、それでがんばれるからです。
⚂ なぜなら、その方がうれしいからです。
⚃ なぜなら、その方がうれしいからです。
⚄ なぜなら、□。
⚅ なぜなら、□。

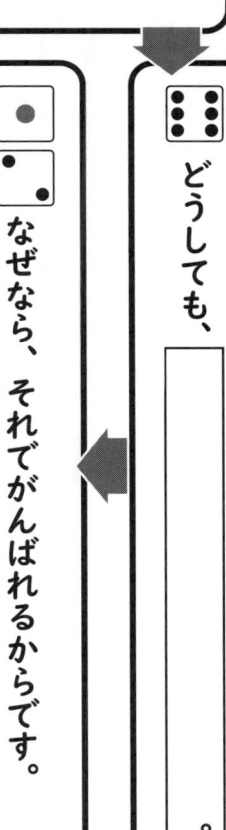

反対意見作文（なぜなら）①

今日の夕食にとりのからあげを食べるという意見に反対だ。なぜなら、おいしくて食べすぎてしまうからだ。

さいころを2回ふって文章を作りましょう。

名前

年　組

ウェブさいころ

反対表明

今日の夕食にとりのからあげを食べるという意見に反対だ。

今日の夕食にハンバーグを食べるという意見に反対だ。

今日の夕食にオムライスを食べるという意見に反対だ。

今日の夕食にとんかつを食べるという意見に反対だ。

今日の夕食にステーキを食べるという意見に反対だ。

今日の夕食にポークカレーを食べるという意見に反対だ。

理由

なぜなら、おいしくて食べすぎてしまうからだ。

なぜなら、すしを食べたいからだ。

なぜなら、今日の給食と同じだからだ。

なぜなら、めん類を食べたいからだ。

なぜなら、魚の方が体に良いからだ。

なぜなら、野菜をたくさん食べたいからだ。

お楽しみ会で、野球をするという意見に反対だ。なぜなら、さん成意見が少ないからだ。

さいころを2回ふって文章を作りましょう。
□に当たったら言葉を考えましょう。

年　組
名前

ウェブさいころ

反対表明

さいころ	
1	お楽しみ会で、野球をするという意見に反対だ。
2	お楽しみ会で、絵しりとりをするという意見に反対だ。
3	お楽しみ会で、サッカーをするという意見に反対だ。
4	お楽しみ会で、バスケットボールをするという意見に反対だ。
5	お楽しみ会で、ハンカチ落としをするという意見に反対だ。
6	お楽しみ会で、いす取りゲームするという意見に反対だ。

理由

さいころ	
1	なぜなら、さん成意見が少ないからだ。
2	なぜなら、おにごっこの方が楽しいからだ。
3	なぜなら、一部の人しか楽しめないからだ。
4	なぜなら、フルーツバスケットの方が良いからだ。
5	なぜなら、先生の出し物を見たいからだ。
6	なぜなら、□からだ。

反対意見作文（もし）①

くじらは魚ではない。もし、くじらが魚ならば、うろこがあるはずだ。

さいころを2回ふって文章を作りましょう。

名前

年　組

ウェブさいころ

くじらは魚ではない。

もし、くじらが魚ならば、うろこがあるはずだ。

もし、くじらが魚ならば、エラがあるはずだ。

もし、くじらが魚ならば、はいがないはずだ。

クモはこん虫ではない。

もし、クモがこん虫ならば、足が六本あるはずだ。

もし、クモがこん虫ならば、体が頭、むね、はらに分かれているはずだ。

もし、クモがこん虫ならば、ふつうは羽が四まいあるはずだ。

名前　　年　　組

さいころを2回ふって文章を作りましょう。□に当たったら言葉を考えましょう。

ウェブさいころ

バナナはおかしではない。もし、バナナがおかしならば、みかんやりんごもおかしになるはずだ。

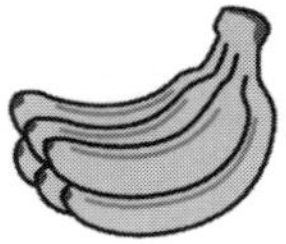

バナナはおかしではない。

もし、バナナがおかしならば、みかんやりんごもおかしになるはずだ。

もし、バナナがおかしならば、おかしコーナーで売られているはずだ。

もし、バナナがおかしならば、□はずだ。

トマトはくだものではない。

もし、トマトがくだものならば、木に実がなるはずだ。

もし、トマトがくだものならば、ドレッシングをかけて食べないはずだ。

もし、トマトがくだものならば、□はずだ。

◎編著者

村野　聡

◎執筆者一覧

植木和樹　東京都公立小学校
鬼澤信一　東京都公立小学校
木村順子　東京都公立小学校
黒田陽介　東京都公立小学校
小泉町香　東京都公立小学校
紫前明子　北海道公立小学校
清水康弘　神奈川県公立小学校
鈴木昌太郎　東京都公立小学校
田上尚美　大阪府公立小学校
竹内淑香　東京都公立小学校
千葉雄二　東京都公立小学校
原　駿介　東京都公立小学校
増田直純　東京都公立小学校
松本学美　埼玉県公立小学校
村野聡　元・東京都公立小学校
横井直弥　三重県公立小学校
吉田知寛　東京都公立小学校

村野　聡（むらの・さとし）
1963年　東京都生まれ
34年間の公立小学校教諭を経て、現在、教材開発士、教育系 YouTuber

〈主な著書〉
『「ピンポイント作文」トレーニングシート』(2012)
『ピックアップ式作文指導レシピ33』(2014)
（以上、明治図書）
『子どもが一瞬で書き出す！"4コマまんが"作文マジック』(2017)
『200字ピッタリ作文★指導ステップ&楽しい題材テーマ100』(2018)
『"うつす・なおす・つくる"の3ステップ　スラスラ書ける作文ワーク厳選44』(2018)
『学級経営365日実物資料～プロの日常活動入手！珠玉のダイアリー』(2020)
『子どもの脳が楽しく全開！授業で活躍　社会科クロスワードパズル127』(2021)
（以上、学芸みらい社）

村野聡チャンネル (YouTube)	村野聡ウェブサイト

村野式熱中ゲーム　さいころ作文96　2集

"言葉のきまり"ワクワク身につく新学習方式の提案

二〇二五年四月五日　初版発行

編著者　村野　聡
発行者　小島直人
発行所　株式会社学芸みらい社
〒一六二-〇八三三
東京都新宿区箪笥町三一番　箪笥町SKビル3F
電話番号：〇三-五二二七-一二六六
https://www.gakugeimirai.jp/
E-mail：info@gakugeimirai.jp

印刷所・製本所　藤原印刷株式会社
企画　樋口雅子
校正　板倉弘幸
装丁　小沼孝至
本文組版　橋本　文
カバー・扉イラスト　辻野裕美

落丁・乱丁本は弊社宛にお送りください。送料弊社負担でお取り替えいたします。

ISBN978-4-86757-077-7 C3037